JN075866

ご縁でひろがる、新しい美容のかたち

荒武裕之

Hiroyuki Aratake

はじめに

　この本を手に取っていただき、ありがとうございます。

　僕、荒武裕之は美容師で、現在は銀座で自分のサロンを経営しながら、訪問美容事業に挑戦している。

　訪問美容とは、病気や高齢を理由に美容室へ通えない方へ、美容を届けるサービスのこと。

　銀座の一等地に自身のサロンを構え、昔は1,000名以上を雇用している大手グループの中で売上1位をとったこともある僕に対して、「どうして訪問美容なの?」と聞く人は少なくない。

　きっかけは、ずっと通ってくださっている大切なお客様が、僕の店に足を運べなくなってしまったことだった。

「ずっと通ってくれていたんだから、今度は僕が髪を切りに行くよ」

　通えなくなってしまったのであれば、それ以外の方法でお客様に美容を届ければいい。だって、長年通ってくださっているのに「通えなくなったらお別れ」なんて寂しすぎる。

　せっかく恵まれたご縁を、一生大切にしていきたい。僕を必要としてくださる方の、お役に立ちたい。そんな想いから訪問美容事業はスタートした。

僕は今、訪問美容を学び、経験を積みなが
ら、この業界の可能性をひしひしと感じている。
　お客様は長年付き合ってきた信頼している美
容師に、一生髪を委ねることができる。
　介護中の方は、いつもきれいにしている家族
に、高齢だからと美容を諦めるのではなく、訪
問美容を利用することで笑顔になってもらうこと
ができる。
　美容師の方にとっては、大切なお客様の要
望に応えるひとつの選択肢となる。
　僕は、お互いが想い合い、行動できる世の中
になったら素敵だと思っている。そして、訪問美
容はその一助となると信じている。本書は、その
訪問美容についてまとめた一冊だ。
　筆を進めるうちに伝えたいことが溢れてきて、
訪問美容以外にも、僕が美容師になったきっか
けや、そこに懸ける想いを通して「働くというこ
と」「大切な人に寄り添うということ」などにつ
いての僕の考えも述べさせていただいた。
　そこも含めて、この本が、一人でも多くの方
に、よりよい選択肢を知るきっかけとなれたら幸
いです。

「ご縁を大切に、永いお付き合いを」

Contents

Chapter-1

Sunny
—— 「いつまでもきれいでいたい」を
叶える仕事

いくつになってもオシャレを楽しみたいという思いは、大きな市場規模に

　まずは、僕が現在取り組んでいる訪問美容について、そもそも訪問美容とはどんな仕事なのか説明してみたいと思う。

　訪問美容（訪問理美容ともいう）とは、基礎体力や身体能力の低下、持病などの理由により、外出が困難な方を対象に、理容師または美容師が自宅や施設、病院などに出向いて施術をする出張理美容のこと。

　サロンへ足を運ぶことができない方々の、「いくつになってもオシャレを楽しみたい」「美容室へは行くことができないけれど、いつもきれいな自分でいたい」という願いを叶えることができるサービスだ。僕は、「きれいな自分でいたい」という気持ちはその人にとってかけがえのない生きがいであると信じている。

　訪問美容が盛り上がり始めたのは、今から約20年前、2000年に介護保険法（介護が必要になった高齢者の方に対して、その費用を行政が

一部負担することなどを定めた法律）が施行され、介護サービスを提供する民間企業が増加したことがきっかけとなった。

　それ以前は、公助ではなく、自助といったかたちで、家族のケアが中心であり、費用負担も大きく、衣食住を満たす必要最低限のケアで精一杯だったそうだ。2020年改正（2021年4月施行）では、地域包括支援センターの役割の強化が盛り込まれた。地域の問題が複雑化・複合化するなか、高齢者、障害者、子ども、生活困窮者などの相談窓口を一本化することで、より包括的な支援を可能にしようというものになった。

　介護保険法が成立したことによって、生きるための必要最低限のケアだけではなく、生活の質（QOL）を上げるようなケアも注目されるようになっていった。それは、僕が生業にしている美容もそう。「いくつになってもオシャレを楽しみたい、そのためにはお金を払ってでも質の高いサービスを受けたい」と考える方が増えてきたのだ。

　NPO法人福祉理美容師養成協会（以下、ふくりび）の調べによると、訪問美容の現在

の市場規模は約1063億円（女性モード社『訪問理美容スタートBOOK』より）。マーケットとしても、非常に大きな可能性を秘めている。

また、内閣府の「令和2年版高齢社会白書」によると、2065年（令和47年）には、約2.6人に1人が65歳以上、約3.9人に1人が75歳以上になるといわれている。この原稿を書いている2020年現在は4人に1人が65歳以上とされているので、これからのマーケットのメインは高齢者へのサービスにあると言っても過言ではないだろう。

とくに、「団塊の世代」と呼ばれる、戦後の第一次ベビーブーム（1947年〜49年の3年間）に生まれた世代が、2025年までには75歳以上の後期高齢者に入る。約2100万人が75歳以上になるのだ。「アクティブシニア」という言葉があるが、団塊の世代は高度経済成長の真っ只中で育った世代。美容やファッションへの関心が非常に高い世代といえるだろう。

実際、訪問美容の現場でも、戦時中や戦後を経験している世代のお客様は美容に対して少し消極的で、カットとあわせて「お

化粧もしましょうか?」と提案しても、「そんなの恥ずかしい」「もうおばあさんだからいいわよ」とお断りされることが多いと聞く。一方で、団塊の世代の皆さんは、断るどころか「もっとお化粧してほしい! せっかくだから今日はもっときれいになりたい」とおっしゃる場合も多いそうだ。そんな利用者の意識の変化も相まって、訪問美容のニーズはますます増えていくように思う。

ホットペッパービューティーアカデミーの2018年の顧客調査データによると、「訪問美容に取り組んでいる」と回答したサロンはわずか12.6パーセント。「取り組む意思があり、準備中や検討中」と答えたサロンは31.8パーセント、「取り組む予定はない」と答えたのは半数を超える55.6パーセントだったそうだ。利用者のニーズの増加にともなって、訪問美容の認知度や普及率はこれからさらに高めていけると僕は信じている。

担当美容師たるもの、
お客様の死に化粧まで

　僕が訪問美容に取り組もうと決めたのは、「お客様と永いお付き合いをしていきたいから」に他ならない。現在、僕のサロンには、2歳から86歳までと幅広い世代の方が来てくださっている。杖をつきながら通ってくださっている方や、「最近物忘れが激しくなってきちゃって」と笑いながら話してくださる方も。「もうそろそろ、通っていただく

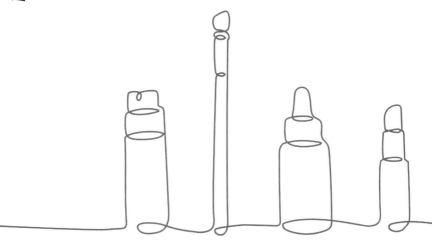

のは大変になるかな。もし、サロンへ通われる途中に何かあったらどうしよう」と感じることもある。

　今の僕があるのは、お客様たちのおかげだ。お客様が僕を育ててくれた。

　スタイリストになりたての僕は技術も接客もつたない、おまけに人見知り。そんな、カット料金3,000円からスタートした僕に、今でもずっと通い続けてくれている方が多くいらっしゃる。

　その後、別の店舗に異動しても、僕が独

立しても、カット料金が上がっていっても、自宅から遠くなっても、お金と時間を投資して、ご自身の髪をずっと僕に任せ続けてくださっている。本当に感謝している。

　だからこそ、サロンまで足を運びたくてもできなくなったお客様が現れたとき、僕はようやくお客様に恩返しをできる番が来たのだと思った。

「ずっと通ってきてくれたんだから、もし通えなくなったお客様がいたとしたら、今度は僕がカットに伺えばいいだけじゃないか」

　こう決心したのは、単なる思いつきだけではない。もともと、福祉や介護への関心は、16歳のときからあった。特別養護老人ホームへのボランティア活動がきっかけで、漠然と「この人たちのために何かしてあげたい」「僕はいろんな人に迷惑をかけてきたから、それ以上にいろんな人の役に立ちたい」と感じていた。自分が選んだ道は美容師だったが、その思いは消えることなく、「美容室へ足を運べない方たちにも、美容を届けることで笑顔になってもらいたい」と考えるようになり、『美容と福祉の融

合』を夢見てきた。美容師として、大切な
お客様たちと出会い、お付き合いが続いて
いくうちに、「この人たちと、一生をかけて
長いお付き合いをしていけるような美容師
でありたい」と考えるようになっていった。

　美容師の世界は、技術の世界だ。だから
こそ、自分が培ってきた技術によってお客
様に喜んでもらうことが、僕にとってのいち
ばんの喜びとなる。僕のカットでお客様が
笑顔になり、また髪を任せていただく。そこ
から長いお付き合いに発展してしていき、
その人の死に化粧まで担当……。そんな
お客様とのお付き合いができたのなら、美
容師冥利に尽きる。

　僕の熱意はどんどん膨らんでいった。
「高齢や持病などにより美容室へ足を運べ
ないお客様のために訪問してサービスを
提供できる仕組みをつくれないだろうか?」
そう考えたとき、すでに「訪問美容」とい
うサービスがあると知ったのだ。「これだ!
僕の本当にやりたかった仕事ができる!」と
確信した僕は、本格的に訪問美容サービス
の始動に向けて動き出した。

さまざまな人に、「訪問美容に取り組みたい」と話すと、「社会に貢献している事業に取り組もうとするなんて、立派だね〜」と言ってもらえることもあれば、「あまり、儲からなそう。お店を増やしたほうが儲かりそうじゃない?」などと言われることもあった。もちろん、訪問美容に取り組まれている方々は「社会貢献をしたい」「高齢化が進んでいる自分の国のために、何か自分にできることをしたい」「可能性のあるマーケットに参入することによって、会社を大きく成長させていきたい」など、理由は人それぞれあると思う。

僕の場合は、目の前に大切な人たちに、これからもずっと寄り添い続けるために必要不可欠な事業だと思ったからに他ならない。

後述するが、僕のサロン「Seed,（シード)」を作った理由も、子育てサポート事業「Aqua（アクア)」が生まれた理由も、すべてはここに尽きる。お客様と長年のお付き合いをしていると、ふとしたタイミングでお別れを迎えてしまうこともある。就職や転勤、結婚による転居、女性の場合であれば

出産後、育児に追われて時間が取れないなどの事情で、通いづらくなってしまう。そんな声を聞くと僕は、「じゃあ、僕の店にはキッズスペースを作るから、子どもと一緒においでよ!」と、親になったお客様が通いやすくなる環境を提供したかったのだ。

訪問美容は、美容師のキャリア支援にもつながる

僕は「お客様だけでなく、働いてくれるスタッフとも永い付き合いをしていきたい」と考えている。訪問美容は、美容師のキャリア形成においても素晴らしいサービスだと僕は確信している。

美容師という仕事は、一般的に拘束時間が長い。なぜなら、お客様が美容室にいらっしゃるのは学校や仕事が終わったあとの時間帯や、休日である土・日・祝日が多いからだ。そのため、女性美容師に多いパターンで、出産して育児に専念するようになると、育児と美容師という仕事の両立は

難しく、泣く泣く働き続けることを諦めざるをえなくなってしまうことが多くある。素晴らしいスキルがあり、お客さんが笑顔になるようなコミュニケーションをとれている美容師が去っていく瞬間に僕は何度も立ち会ってきた。育児に限らず、家族の介護などで離職せざるをえない事情を抱える場合もあるかもしれないし、なによりこれからは多様な働き方が進んでいく時代。その点、訪問美容はほとんどが予約制のため、時間の融通がききやすい。「午前中だけ働きたい」「週に3日だけ働きたい」という働き方を実現することができる。

　いちサロンのオーナーでもある僕としても、これからは多様な働き方をキャリアパスとして提示していきたいと思っている。「人気スタイリストになって売上を上げ続けること」だけではなく、それぞれのライフスタイルに合わせた働き方を一緒に考えていけるオーナーでありたいと思っている。

　僕が訪問美容について学び始めてから大変お世話になっているNPO法人ふくりびでは、これまで15万人以上の高齢者や

障害者に訪問美容サービスを提供されていて、設立当初から子育て中のママ美容師を積極的に採用している。「休眠美容師」と呼ばれることもある彼女たち。「正社員として再び美容師に戻るには時間的にも精神的にも辛い。けれど、「もう一度、大好きな

美容の仕事で活躍したい」と願う方が多い
そうだ。自由度の高い働き方が可能な訪問
美容は、「もう一度ハサミを握りたい」と願
うママ美容師や、かつては僕もそうだった
シングルファザー美容師のニーズにも合致
していると思う。

　ママ美容師だからこそ訪問美容で活躍で
きるシーンも多くある。訪問美容の現場で
は、認知症や障害者の方も多くいらっしゃ
り、さまざまな配慮が必要になる。また、施
術場所も居住されている施設や利用者の自
宅なので、施設が整っているサロンでの施
術とは違って、イレギュラーなことが多く起
こる。その際、ママ美容師は、子育てを通し
て予期せぬトラブルは日常茶飯事、臨機応
変な対応ができる方が多いそうだ。また、
定着率も非常にいい。「子育てのてんやわ
んやがこんなところで役に立つとは!」とい
うとても頼りになる発言もあったとか。

　これは訪問美容のカテゴリに限らない
が、お客様やそのご家族、施設のスタッフ
の方たちは、担当の美容師が頻繁に替わる
ことを好ましく思わない（お客様やそのご家族、

スタッフの方の気持ちを考えたら、当然ですよね）。スタッフが長くそのサロンに働き続けてくれることで、お客様とサロンの信頼関係を深く築いていくことができるのだから。訪問美容事業に取り組むことは、お客様だけではなく、スタッフとも末永いお付き合いをしていくために必要なことだと僕は考えている。

「訪問美容ゼミ」との出会い

　訪問美容、始めるぞ！　と一大決心をしても、当時の僕は分からないことだらけだった。

「訪問美容を始めるにあたり、知っておくべきルールや法律は?」

「なにか届出は必要なのだろうか?」

「介護知識も当然必要だと思うけれど、資格も必要なの?」

「介護知識は何をどこまで勉強するべき?」

「メニューや価格はどうやって決めるのがいいの?」

「そもそもどうやってお客様である施設と

コンタクトをとるの?」

　などなど……。

　そんなタイミングで、「ホットペッパービューティー」を運営している株式会社リクルートが、訪問美容を始めたい美容師向けに「訪問美容ゼミ」を開催していることを知り、僕はすぐに申し込みをした。「訪問美容ゼミ」とは、これから訪問美容を始めたいヘアサロンの経営者を対象に、経験豊富な先生の指導、身近な先輩の体験談、リクルートという営業プロフェッショナルである会社の営業ノウハウを教わりながら、訪問美容に取り組んでいくという実践型のプログラムだ。

　僕が応募した「訪問美容ゼミ」の第2期は22名限定の受講だったのだが、なんと無事選考に通過し、受講の資格を手に入れた。このゼミの詳細は、ホットペッパービューティーアカデミーのウェブサイトで確認してほしい。

　当時の僕は、動き出す前に知るべき法律や、身につけておくべき介護知識などについてまったく無知だった。もちろん、それ

ぞれ一から調べて学んでいくつもりだった
が、はじめてのことを、何もない状態から切
り開いていくのと、すでに教科書がある状
態で学んでいくのとでは、雲泥の差がある。
後述するが、そもそも僕は「勉強」とは遠く
離れた世界の住人だった。だから経験豊富
な先輩方から、訪問美容のコツやノウハウ
を集約して教えてもらえたのは大変勉強に
なった。

　僕はこの訪問美容ゼミを通して、「訪問
美容と普段のサロンワークは、まったく別
の業種じゃないか!」と思い知ることにな
る。

　とくに、ゼミとは別に参加したふくりびの
独自研修プログラム「びびスタ」の「VR
認知症体験」は印象に残っている。その名
の通りVRを使って認知症の方が見ている
世界を一人称で体験できる講習だった。実
際にゴーグルを装着したところ、自分が想
像していた世界とは全く違うものが広がっ
ていた。たとえば、施設の送迎車のワゴン
から降りる場面。現実は車から路上に降り
ているだけなのに、僕が見た拡張現実の

世界はビルの屋上から飛び降りるような世界だった。他にも、食事に虫がわいているように見えたり、看板が立っているだけなのに人が立っているように見えたり、それまで想像もしたことがなかった景色が広がっていた。一口に「認知症」といっても、種類はさまざま。とくに、患者数も多く認知症の病因がはっきりしている「アルツハイマー型」「レビー小体型」「脳血管性」「前頭側頭型」は4大認知症と呼ばれている。それぞれの認知症が脳に与える影響によって、現れる症状もさまざまだ。正直、受講前までは「ちょっと視界がぼやけるんだろうな」「新聞が読みにくかったり、遠くの看板が見えにくかったりするんだろうな」などというレベルの認識だった。「認知症」と聞いて、あなたはどんなイメージを思い浮かべるだろうか?「夜中に一人で徘徊したり、理由もなく急に怒り出したりする病気」とイメージされている方も多いかもしれない。僕もそうだった。でも、これはすべて、僕たちが「認知症の方が生きている世界」を理解できていないというだけだった。こ

の体験を通して、僕は気づいた。訪問美容の世界はこれまでやってきたサロンワークの延長線上にあるものではなく、全く違う分野、つまり未知の世界に飛び込もうとしていたのだった。

　技術面では、ふくりびの研修を通じてふくりびの代表理事である赤木さんに指導していただいた。赤木さんは、自身が25年以上前に独立開業したときから訪問美容にも取り組まれていて、今では訪問美容に携わる美容師の育成にも力をいれている、いわば訪問美容業界のパイオニア。そんな赤木さんとは、講習が終わった現在もお付き合いをさせていただいている。これまでに、施設の現場へも同行させてもらっていた。続くクロストークの章もぜひ読んでほしい。

　施術もさまざまなシーンがある。自立支援を目的とするグループホームではイスに座ってもらいながらの施術が可能だが、常時介護を必要とする方が入所している特別養護老人ホームでは、起き上がることすらも難しい方を担当することがある。そういう場合は、ベッドに寝てもらったままカット（ベッ

ドサイドカット）をすることもある。ハサミを怖がってしまう人もいるし、「これから髪を切る」ということがそもそも理解できていない方に対して、どう接すれば理解してもらえるのか。想定外の対応を求められることが非常に多い現場だ。そんな訪問美容に長年取り組まれていらっしゃる赤木さんをはじめとした先輩美容師さんたちとの同行では多くのことを学んだ。もしあなたが訪問美容に関心があってこの本を手にしてくれたならば、訪問美容ゼミや「びびスタ」はとても勉強になるスクールだと思う。

訪問美容の価格設定について

　訪問美容とサロンワークにはもうひとつ大きな違いがある。それは、価格設定。地域によって多少の差異が出てくるようだが、厚生労働省が発表している関東・甲信越エリアのサロンにおける平均サービス料金は以下の通り。

（参考文献: 第30回 厚生科学審議会生活衛生適正化分科会　平成30年10月31日参考資料3「美容業の実

態と経営改善の方策（抄）」）

・カット 約3,400円

・ヘアカラー 約6,900円

・パーマ 約7,300円

　一方、訪問美容のメニュー平均価格はこちら。

・カット 約1,750円（居宅の場合は、プラス出張費1,000〜2,000円）

・ヘアカラー 約3,500円

・パーマ 約3,500円

　このように、一般的に、サロンでの料金よりも、訪問美容の料金のほうが低い傾向にある。訪問美容は、訪問型のサービスだ。移動時間も考えるとカットできる人数も、場合によっては店舗であるサロンに比べると少なくなるかもしれない。これらの特徴から、事業主の方は「訪問美容サービスは収益化しづらいのでは?」と感じるかもしれない。こういってしまうと身も蓋もないが、「『儲かるかどうか』という動機でサービスを提供してい

る人はうまくいかない」というのが僕の持論だ。お金儲けのためだけに美容師をやっている人と、お客様の笑顔のために美容師をやっている人とでは、髪の扱い方が根本的に違う。大切な髪をどう扱われているか、お客様は敏感に感じ取っている。想いは、仕事を通じて絶対に伝わる。とはいえ、事業としてやっている以上、継続してお客様にサービスを提供するためには収益化も大切な要素だ。だからこそ、「お客様のために訪問美容に取り組みたいけれど、サロンに比べて顧客単価が低いから、参入することに抵抗がある」と感じているオーナーさんがいるかもしれない。そ

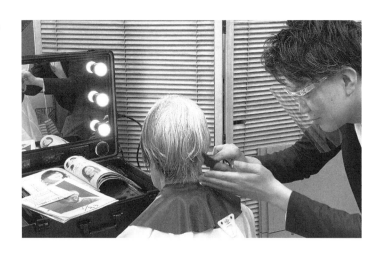

んな方は、こう考えてほしい。たとえば、ローカルでサロンを経営しているあなたが、ずっと通ってくれているお客様から、カット料金として5,000円いただいているとする。ところがそのお客様が、高齢を理由に通うことが難しくなってしまった。そのお客様は、近所で訪問美容をやっている美容室に2,000円でカットをお願いするようになった。自宅まで美容師が来てくれるし、カット料金も安くなった。だけど、「なんだか髪がいつもと違ってしっくりこない。会話も、はじめましての人だと緊張してしまってリラックスできない」と感じたとする。そうしたら、お客様はどう思うだろうか？　きっと、5,000円のカット料金と出張費を払ってでも、あなたにずっとお願いしたいと思うはずだ。

　ちなみに僕のカット料金は8,000円から10,000円だ。訪問美容においてもこの料金設定は変えていない。その代わり「これまでずっと通ってくれていたのだから、今度は僕が行くよ」という想いから始まっているので、出張費はいただいていない。「あなたにお願いしたい」とお客様から言って

もらえることは、美容師としての誇りだ。あなたを必要としてくれる方に、一生涯美容を提供することができる。訪問美容とは、そんな素晴らしいことが実現できるサービスなのだ。

　と、言い切ってはいるが、これは長年お付き合いのあるお客様だから「お金を払ってでもずっとあなたにお願いしたい」と感じていただけること。新規のお客様からすると、相場よりも高い料金を、はじめてお願いする美容師に対して払うことは抵抗があると思う。そこで参考になるのが、訪問美容を専門で運営されている「trip salon un.（トリップサロンァン）」というサロンだ。こちらのサロンは設立から8年で3万人以上の方に訪問サービスを提供されている。「まるで美容室にきたかのような、五感で楽しめる空間づくり」をモットーにされているとのことで、サロンにおいてあるようなオシャレなボードや小物を持ち込み、季節を感じられる香りのアロマを焚いて、オシャレなBGMまで流してくれる。移動式のシャンプー台もあり、カラーやパーマも可能だ。そんなトリップサロンアンさん

のメニュー料金は、カット6,000円。指名料
としてプラス2,000円。一般的な訪問美容の
平均料金と比べると高めの価格設定だ。そ
れでも、「サロンと同じ料金を払って、美容
室に行ったかのような癒しやわくわく感を
得たい」と考えるお客様はたくさんいらっ
しゃるし、こだわりの詰まった空間での特
別な体験は、その人の生活にハリを与えて
くれるからだ。

　このように、取り組み方はサロンによっ
てさまざま。オーナーさんの考え方ひとつ
で、いろんなことができると思う。もちろん
訪問美容への挑戦によって事業が圧迫され
たり、時間に追われて体調を崩してしまっ
たり、従業員がストレスを感じてしまうので
あれば本末転倒だ。それでも、訪問美容は
十分可能性のある分野だと僕は思う。どの
くらいのペースだったら、どれくらいの規
模感だったら、自分たちが継続可能なかた
ちでやっていけるのか。ご自身の経営状況
や従業員たちと相談しながら、自分らしい
訪問美容について考えてみてほしい。僕も
そのお手伝いができるかもしれない。

施設への営業で感じた、
理想と現実のギャップ

　僕の訪問美容事業は居宅（お客様のご自宅）でのサービス提供が中心だが、より多くの方に訪問美容を届けるべく、施設でもサービスが提供できるよう、施設営業も行っている。介護・福祉施設への営業は、施設長さんなどに行う。みなさん本当にお忙しいので、飛び込みで伺っては門前払い、なんてことも多々ある。そのため、比較的お話を聞いていただきやすい時間に伺おうとも考えたが、サロンワークと並行しながら取り組んでいるので、なかなかその時間には営業のための時間を取りづらいのが本音だ。そこで今は、時間をしっかり取れる店の定休日に、個人宅へ訪問美容サービスを提供しながら、近所の福祉施設を片っ端から訪問している。しかし、なんとかアポを取っても、断られるばかり。「お客様のニーズに合わせた、笑顔になれるサービスを提供しています。よかったら、トライアルを無料で行っているので、一度お試ししてみ

ませんか?」と言っても、「自分たちで利用者さんたちの髪を切っているから、事足りている」「今は近所の理容室に来てもらっているから、困っていない」「長年お世話になっている美容室から、契約を変えるのはちょっとねえ……」といった反応がほとんどだ。もちろん、契約どころか、前向きなお返事を簡単にいただけるとは思っていない。しかし、契約が成立しないことよりもさらに、僕のなかで「ある違和感」が膨らんでいった。「『困ってはいない』のかもしれないけれど、利用者の方は、今のサービスで本当に『喜んでいる』のだろうか?」

　もともと、現在僕のもとへ通ってくださっているお客様と、一生涯のお付き合いをしていくために始めたいと思った訪問美容だ。高齢になっても、病気をしても、「いつも通りのオシャレなスタイル」と「あたたかいサービス」が、自宅でも施設でも手に入る状況をつくることで、お客様を笑顔にしたい。そう願っている僕にとって、そもそも利用者の方、あるいはそのご家族が、美容師を選べない状況に違和感を覚えたのだ。

もちろん、効率の問題や、システムの問題、施設への負担などを考えたら、なかなか難しいことなのだと思う。それでも僕は、この違和感を払拭することができなかった。正直、今もこの「理想と現実のギャップ」には悩んでいる。

だからこそ、業界に対する学びをより深めるためにも、より多くの方に美容サービスで笑顔を届けるためにも、施設営業はこれからも続けていく。この施設への営業活動を経験して、自分の実現したい夢がまたひとつ増えた。「訪問美容でもお客様個人が、これまでずっと通っていた、それぞれ『自分に合っている』と感じられる美容師を、自由に呼べる、指名できる仕組みをつくること」。訪問美容に対する理想のあり方が、明確になったのだった。

僕の訪問美容事業の今後

こうして、ようやくスタートを切った「訪問美容事業　Sunny（サニー）」。たくさんの方に応援していただきながら、徐々に成

長している。これからのサニーの展望だが、「新規営業を中心に規模を拡大していく」というプランではない。もともと、「今目の前にいるお客様と、一生涯のお付き合いをするために必要だ」と感じて取り組み始めた事業だ。まずは目の前のお客様たちに、しっかりと笑顔を届けていきたいと考えている。繰り返しになるが、サロンワークを中心に美容師として働いてきた僕にとって、訪問美容はまったく新しい世界であり、学び、経験し、教えていただくことばかりだ。ただ、サロンワークで頑張ってきたからこそ、訪問美容という世界に新しい提案できることもあるのかなと考えている。たとえば、技術力や、薬剤知識。「銀座のサロンで受けていたサービスを、施設（自宅）でも受けたい」と願うお客様たちのニーズに、より高い技術力や商品知識でお応えできるようになるかもしれない。「サロンワーク」「訪問美容師」という枠を飛び越えて、お互いの持っているスキルや知識を持ち寄って、よりよいシナジーを起こせていけたらいいなと思っている。大病院に美容室が併

設されているところがあるように、福祉施設にも、美容室があってもいいと思う。専用の設備が常備されていれば幅広いサービスを提供することが可能になり「オシャレな美容室に行ってキレイな自分になる」ということ行為が心身のリハビリになることもあると思うのだ。

　これは、美容師のセカンドキャリア問題にも有効だと考えている。というのも、美容師は立ち仕事であり、体力仕事。ある程度年齢を重ねると、サロンの現場に立ち続けることが難しくなってきてしまう。美容師は技術職なので、体が健康な限りは働き続けることができる。定年という概念はあまりない。ところが、東京のサロンがターゲットとしている主な層は20代から30代だ。そして、東京のサロンには若くて才能があってかっこいい美容師さんがどんどんデビューしてくる……。一概には言えないが、年齢を重ねると現場からのニーズは減少していってしまう傾向にある。ちょっぴりさみしいが、そういう世界なのだ。現場で一生懸命サロンワークをしてきた美容師の「60

代、70代以降の働き方」について考えていく上でも、いろんな働き方を仲間たちと創造していきたい。

「個」と「個」が、
繋がり続けられる社会へ

　あくまで僕個人の考えだが、訪問美容のあり方として「ワン・バイ・ワン」が理想だと考えている。訪問美容専門の業者や、福祉施設を介さずに、個人が好きな美容師を呼べるシステムにしたい。美容師さん、あなたが今まで長年担当していた大切なお客様が、高齢や病気を理由に通えなくなってしまったら、お客様のところまで行ってあげたいと思いませんか？　そして長年頼りにしている美容師がいるあなたは、もし美容室に通えなくなってしまったとしても、あなたのことや髪のことをよく知っているいつもの美容師に来てもらいたいと思いませんか？僕は、美容師たちがそういう働き方を当たり前のように選択できて、お客様たちも、当たり前のようにいつもの美容サービスを、どこ

でも受けられる世の中になったらいいなと思っている。

　お客様たちの声も大切だ。美容業界は、変化に疎い部分がある。ネット予約が導入されたのも、飲食業界よりだいぶ遅かった。お客様が「ネットで予約ができたら、嬉しいんだけどな」と声を挙げてくださったから導入されたのだ。美容師はみな「お客様に幸せになってもらいたい」「お客様に笑顔になってもらいたい」と願っている。訪問美容においても、あなたが「必要だ」「あったらいいな」「便利だな」と思うのであれば、ぜひあなたの担当美容師に伝えてみてほしい。そんな声が増えれば増えるほど、美容師たちはお客様の笑顔のために、実現に向けて動き出すはずだ。僕自身も、「個」と「個」がずっと永いお付き合いをできるようなモデルをつくっていきたい。

　そして、そのモデルを確立することができたら、自分だけにとどめるのではなく、その方法を広く伝えていきたい。教育機関を立ち上げるのか、コンサルティングなのか、その方法はまだ模索しているが、「末

永く大切なお客様の担当でありたい」と願う美容師をサポートできるような存在になりたいと考えている。なぜなら、僕だけではできることに限りがあるから。いくら頑張っても、一人が担当できるお客様の数や、伺えるエリアには限界がある。

だから、同じ志と技術を持った仲間を増やし、全国の「サロンに通えなくなっても、ずっと担当美容師にきれいにしてもらいたい」と願っているお客様たちに、訪問美容という選択肢を提供できるようになりたいと考えている。

お客様の笑顔のために、伝統を学び、守りながらも従来の手法に囚われずに理想を追求していける。そんな仲間を集めながら、「個」と「個」が本当の意味で繋がれる社会づくりに貢献していけたらと思っている。

Chapter-1

Chapter-2

クロストーク

　「訪問美容」について、さまざまな視点から見つめてみたいと思う。「訪問美容」には多くの知見と思いが集約されている。今回の書籍発行に際して、読者のみなさまの疑問や質問を僕がナビゲーターとなって、この業界のスペシャリストのみなさんと意見交換を行った。NPO法人ふくりびの赤木さんと岩岡さん、民間企業から株式会社リクルートの川島さんにご参加いただき、訪問美容の今とこれからを語り合った。「訪問美容」に興味のあるみなさまに、ぜひ参考にしていただきたい。

岩岡ひとみさん
NPO法人全国福祉理
美容師養成協会（ふくり
び）事務局長
訪問理美容活動に感銘
を受け、普及のためヘル
パー2級取得、美容師
国家資格取得。ふくりび
設立時に事務局長就
任。

赤木勝幸さん
NPO法人全国福祉理
美容師養成協会（ふくり
び）理事長
15歳で理美容の世界
へ、27歳で独立開業。
07年にふくりびを設立。
全国での研修・講習等
の講師として活動中。

川島崇さん
株式会社リクルート
ホットペッパービューティー
アカデミー研究員
「訪問美容ゼミ」主催。
美容業界の課題と社会
課題の解決につながる
「訪問美容」の活性化を
支援。

訪問美容とは、外出困難な方が受けられる美容サービス

荒武：スペシャリストのみなさまがいらっしゃるので、改めて訪問美容の基本を整理したいと思います。まずは、「訪問美容」のサービス内容や、対象者はどのように定義づけられているのでしょうか。

岩岡：「訪問美容」とは、要介護の高齢者や、障害があって外出困難な方などに対して、介護施設・福祉施設や、ご自宅等で行う美容サービスです。そもそも、健康な方に対して、ご自宅に伺って髪を切ることは理美容法で規制されています。そのため、訪問美容の対象となる方は、基本的には高齢や障害を理由に外出困難な方のみになります。ただ、数年前に規制緩和がありまして、妊娠中の方や、小さなお子さんがいらっしゃるママに対しても、訪問美容サービスの提供が可能になったのです。

荒武：訪問美容を利用したいお客様は、どういった手続きが必要になるのでしょうか？

岩岡：要介護認定の方であれば、介護計画を立ててくれるケアマネージャーという方がいます。そのケアマネージャーさんに「訪問美容を利用したい」と相談されるパターンが多いですね。市区町村によっては、介護保険関係の資料のなかに、地域の訪問理美容をやっている事業者のリストが封入されている場合もあります。ここ数年は、ご家族がインターネットで地域の事業者を検索して、直接予約することも増えてきています。

実は、対象者の半数以上が、「訪問美容を利用したい」と思っている

荒武：訪問美容のニーズは、現在どれくらいあるのでしょうか。

川島：弊社のアカデミーが、2020年に全国20歳以上の男女のうち、要支援者・要介護者と同居されているご家族に対して行った調査があります。その調査結果によると、訪問美容サービスの認知率は81.6パーセント。そのうち、32パーセントの方が利用

経験者でした。対象者における認知率は、年々増加傾向にあります。

　また、これまで訪問美容を利用したことがない方に対して「サービスを利用する可能性はありますか?」と伺ったところ、「利用意向あり」と回答された方が47.3パーセントと、約半数いらっしゃいました。これは、前年と比べると約10パーセント増加しています。

　現時点ですでに利用されている方は全体の約3割ですが、非利用者の約半数が「利用意向あり」と回答されており、その数値も年々増加傾向にあることを考えると、訪問美容のニーズはこれからますます増えていくのではないでしょうか。

　一方で、全国の美容室のうち、訪問美容に取り組んでいるサロンは少ないのが現状です。

　「すべての美容室で当たり前に訪問美容サービスも提供している」という状況ではないので、「近所のサロンに聞いてみたけれど、『そういうサービスはやっていない』と断られてしまった」ということも起きてしまっているのが現状です。

カットやカラーはもちろん、つけまつげまで！ニーズに合わせてメニューも多様化している

荒武：最近では、カットやカラー以外に、ネイルやまつげのエクステなどもできるサロンも増えていますよね。訪問美容では、どんな美容サービスが受けられるのでしょうか？

岩岡：機材の発達もあり、基本的には美容室で提供しているようなヘアケア、ヘアカラー、ヘアパーマなどはすべて可能です。最近だと、ネイルやエステ、つけまつげタイプの簡易的なアイラッシュのようなものも出始めていますね。

　高齢者の方のニーズも、以前は、「定期的に短く切ってほしい」でしたが、「今まで通り銀座の美容室レベルのサービスを受けたい」という風に変化してきているように感じます。

川島：そうですね。2020年は、団塊の世代がすべて70代に突入する年でした。団塊の世代の方たちの美容に対する意識は、こ

れまでの高齢者の美意識とは、まるで違うように感じています。

岩岡：みなさんおきれいですよね。美しくあり続けるために、ボトックスを打ったり、美容医療を受けたりしている高齢者もいっぱいいらっしゃいます。

　きっと今は過渡期なのだと思います。あと数年で、「ウィッグのメンテナンスをするためだけに老人ホームに来てほしい」とか、もっともっと質の部分が求められる時代になるのではないでしょうか。

新型コロナウイルスが 訪問美容に与えた影響

荒武：いま現在も新型コロナウイルスが猛威を奮っていますが（取材当時）、with /afterコロナ時代における訪問美容の現状や、影響について聞かせてください。

岩岡：「感染リスクが最も高い」とされている方々が対象のサービスですから、正直、事業としても緊迫した状況が続いています。最初の緊急事態宣言（2020年4月）後は、2ヶ

月半くらい介護施設に入れない状況が続きました。

　訪問できない私たちももちろん辛かったですが、一番辛かったのはお客様、そしてそのご家族、介護スタッフの方たちです。「たくさんの制限がかかっているなかで、身だしなみまでも制限されたら、人の尊厳って、生きるって、いったいなんなんだろうか?」という話も出ました。それくらい、追い詰められてしまっていたのです。そこで、介護施設の施設長さんやお医者さんたちと相談しながら、サービスを再開するにあたってのガイドラインを作成しました。しっかりと感染症対策を提案したことで、施設側も決断してくださったところが多く、現時点では、通常通り提供することができています。ただ、「いつ状況が変わるか分からない」という意味では、依然緊迫した状態が続いていますね。

　一方で、このような状況になったことによって、医療や介護に携わる人たちが、改めて美容の意義・価値を再認識してくださっているように感じます。

実際、我々は前年度より売上が上がっています。サービスの提供が追いつかないほどで、ご新規のお客様をお断りしてしまっていることもあり、さらなる体制強化が必要なほどです。

赤木：この理由としては、2つの要素があると思っています。1つ目は、新型コロナウイルスの流行の影響。これまではデイサービスを利用していた人たちが、感染症対策のために通うのを控えているため、「自宅に来てほしい」という個人からの依頼が増えています。

2つ目は、サービス提供側（訪問美容サービスを提供している事業者）も、高齢化が進んでいるために「これまで訪問美容を頼んでいた美容室が高齢を理由に廃業するそうなので、うちの施設に来てもらえませんか?」といったお問い合わせも多数あります。

つまり、そもそもの社会構造の変化の時期であったということに加えて、新型コロナウイルスの流行もあり、サービスのニーズが予測していたものより加速度的に上がっている印象です。

荒武:この状況下でも、訪問美容のニーズは増えているということですね。

訪問美容を始めたい美容師が利用できる「訪問美容ゼミ」とは?

荒武:みなさんと出会ったのは、僕が訪問美容を始めようと思ったときに参加させていただいた、リクルートのホットペッパービューティアカデミーとふくりびが共催している「訪問美容ゼミ」でした。

　当時受講したのは8ヶ月のカリキュラムでしたが、法律のことから、加入しておくべき保険のこと、知っておくべき介護知識まで、取り組むにあたって必要なことをゼロから細かく教えていただけるので、とても助かっています。

　川島さん、より具体的に、訪問美容ゼミについてご説明いただいてもいいですか?

川島:ありがとうございます。「訪問美容ゼミ」は、訪問美容を学びたいという志を持った方に向けて提供している「伴走型」の学びのプログラムです。参加者はいくつ

かのチームに分かれ、一緒に学びながら実践をしていきます。プログラムとしては、施術の内容は、ふくりびさんをはじめとした、ご協力をいただいている伴走者の方たちのプログラムに参加して学んでいただきます。そしてゼミでは、心得の部分と、営業スキルを重点的に取り組んでいきます。実際に、施設営業や在宅営業も行います。

　訪問美容師として実際に一歩踏み出し、そしてプロの訪問美容師として巣立つまで、「伴走する」プログラムです。

荒武：そもそも、この講座の受講料が無料ということに驚きました！　実際に事業として取り組みながら学んでいくプログラムなので、取り組み始める前に思い描いていたものとのギャップに悩んだりしても、どうギャップを埋めていけばいいのかをサポートしていただけることもありがたいです。一人で始めていたら、もっと時間や労力がかかっていただろうなと思います。参加させてもらって、本当に感謝しています。

川島：荒武さんにゼミにご参加いただいた当時、僕はゼミの責任者を務めていましたよ

ね。自己紹介の時間にシュッとした荒武さんを見て、「東京のトレンドを発信しているようなヘアサロンのオーナーさんが、ついに訪問美容の世界に関わってくださるんだな」ってワクワクしました。これからどのようなかたちで一緒に盛り上げていけるか、すごく楽しみに思ったことをよく覚えています。

赤木：そうですね。荒武さんの世代で、これだけ積極的に訪問美容について学ぼうとされている美容師さんは珍しかったので、受講生のなかでも一際目立った存在でした。「前向きで、真っ直ぐな人だなー」と思ったのが第一印象です。かつ、「きっと、しっかりとやり遂げる人なのだろうな」という印象も持ちました。担当している授業が終わってからもお付き合いをさせてもらっていますが、スタンスがずっと変わらず、自分が決めたことに対してブレずにやり続けている、真っ直ぐな方だなと感じています。

岩岡：そうですね。赤木が今言っていたように、荒武くんってスタンスが一貫していますよね。それはこの本を最後まで読まれるときっと分かると思いますが (笑)。

今では一緒に現場に行って手伝っていただいたりもしていますが、一緒にお仕事をしながら、改めて表裏がないっていうか。真っ直ぐな方だなって思います。ここだけの話、そういう方、美容業界では結構珍しいというか（笑）。業界的にも派手な人が多いなか、荒武くんも見た目は華やかですけれど、中身はすごく真面目で、落ち着いていますね。きっと、自身の進む道に迷いがないからでしょうね。

サロンワークと訪問美容は　まったく別の仕事

荒武：知識面だけではなく、技術面においても、実際に施設に行って現場研修をさせていただく機会があってとても良い経験になりました。また、自分の考えの甘さを実感することも多くありました。ふくりびさんとは、研修後も、3回ほど施設へ同行させていただいていますね。

赤木：荒武さんにカットしてもらった高齢者のみなさん、本当に笑顔で帰っていくんですよ。「またあの人にやってもらいたい」っ

て絶対に感じていると思いますよ。

　認知症の方に対してどう接客するのかとか、本当にしっかり勉強なさっていますよね。やりすぎていると言ってもいいくらい、とても丁寧にお仕事されています。もう100点満点！

荒武：嬉しいです(笑)。ありがとうございます。

岩岡：訪問美容には「美容」以外にも様々な要素が求められるので、読者のみなさんも、サロンワークとは同じようでまったく違うサービスであることが分かってきたかと思います。

　お身体の状態によっては、早く仕上げないと体勢をご自身でキープしていられない方もいれば、そもそも、じっとしていることが難しい方もいらっしゃいます。

　また、サロンとは違い、環境が整っているわけではないので、プレシャン（プレシャンプー：施術の効果を高めるために、きれいに皮脂などを落としておくこと）をして、きれいな状態で始められるとも限りません。他にも、「寝癖がついたまま切らなきゃいけない」とか、本当に臨機応変な対応を求められます。

　実は、「技術面に自信がないから」という少し消極的な理由で、サロンワークから訪問

美容に流れてこられる方もいらっしゃるので
すが、そもそも、カットの技術力が備わってい
ないと、ものすごく難しいお仕事なのですよ。

　その点、荒武くんは、早いし上手。「限ら
れた時間のなかで、最大限オシャレにして
あげたい」っていう気持ちがすごく伝わっ
てくるというか。荒武くんのサロンワークを
実際に見たことはありませんが、きっとサ
ロンでも、お客様一人ひとりに誠実に向き
合っているんだろうなって思います。

　高齢の女性のショートヘアとか、男性の
スポーツ刈りとか、実はとっても難しいん
ですよ。スポーツ刈りができる美容師さん
は本当に少ないです。多くの方が、ガタガ
タになってしまうんです。その点、荒武くん
はなんでもできるので、将来は未来の訪問
美容師を教える側としても活躍してもらい
たいなって期待をしています。

訪問美容は、どうやったら
広まっていく?

荒武:これからの訪問美容のあり方として、

僕個人としては「ワン・バイ・ワン」が理想だなと考えています。通えなくなった途端、お客様やご家族が、近所の訪問美容をやっているサロンを探さなければいけないのも大変ですし、要介護の状態で、初対面の人に体を預けるのも不安だと思うし。担当している美容師にとっても、お客様とのお別れは辛いです。長く担当している美容師がいて、もし高齢などを理由に通えなくなったとしたら、今度はその美容師がお客様のところへ行くほうが、お互いにとって理想だと思っていて。もちろん、「そもそも訪問美容をやっているサロンが少ない」という現状もあり、難しいことではあるのですが。みなさんから見て、どうしたらもっと訪問美容が広まっていくと思いますか?

赤木：僕たちふくりびは、15年前から「一生涯顧客とは、高齢になろうと病気になろうと、お客様に美容のサービスを一生涯提供すること」と掲げてきました。

みんながみんな20〜30代の女性をターゲットにしているようなビジネスモデルは、そもそも日本の人口統計的に合いま

せん。それにもかかわらず、業界全体として
あまり取り組みが進められていなかった
んですよね。

　美容師って、「一人でも多くの人に美容
を届けたい、美しくなってほしい」とか、そ
ういう志を持って美容師になっているわけ
じゃないですか。その想いを胸に、本当に美
容を必要としている人たちに対して、どれだ
け真剣に取り組めるかどうかだと思います。

岩岡：たしかに、美容師自身が荒武くんが
モットーにしている「お客様の担当美容師
ならば、ひいてはその方が亡くなったとき
の死に化粧までもやるんだ!」というような
関わりの深さよりも、効率性を求めすぎてし
まった部分はあるように思いますね。

　あとは、訪問美容業界にロールモデルが
あまり出てこなかったこともあるかもしれま
せん。おそらく今までは、「訪問美容ってそ
んなにかっこいい仕事じゃない」って思わ
れていたのではないでしょうか。

赤木：東日本大震災のあと訪問美容をやりた
い方が増えたように、今も新型コロナウイル
スの流行によって、若者たちの価値観がすご

く変わってきているじゃないですか。ウェルビーイング的な観点から見ても、美容は、医療や介護の現場においてもとても重要ですし、お客様との繋がり方とか、繋がりの質について、改めて考え直す時期だなと。美容師自身が、自分の発揮できる価値にまだまだ気付いていない部分もあるんじゃないかな。「自分たちにやれることが、そこにある」ってことに気づくことが大切だと思います。

岩岡：その上で、訪問美容をどう広げていくのか？というと、正直、世界一の高齢大国である日本において、訪問美容は今後、黙っていても広がっていくサービスだとは思います。

　ただ、より強い意志を持って取り組んでいる人が、リーダーになっていくと思います。「なんとなく儲かりそうだから」とか、「サロンにお客さんが来ないからやってみようかな」という動機ではきっと続けられないですし、人を惹き付けることも難しいと思います。

　高い志を持って取り組む事業者が増えてくれば、価格の幅も広がりサービスのレベルも上がります。そうなれば、お客様自身が事業者を選べるような状態になっていき

ます。競争すれば質も上がり、全体的にレベルの高い業界になるんじゃないかな。それこそ、「ホットペッパービューティー for エルダリー」みたいな（笑）。

川島：「ホットペッパービューティー for エルダリー」、いいですね（笑）。

　本音を言うと、訪問美容師をはじめは「特別なもの」だと思っていました。美容師のキャリアの選択肢のなかのひとつだったり、経営者のひとつの事業としての選択肢のひとつだったり。でも、ゼミ生の一人だったある美容師さんの一言で、その考えは一変しました。今でも忘れられないのですが、その方は「お客様にとって最後の美容師になりたい」と話してくれたんですよ。僕はその言葉を聞いて、自分のなかですごく納得しました。今付き合っているお客様と、より長く付き合っていくということは、特別なことではなく、自然に美容師さんが考えていること、あるいは自然にお客様が考えていることなんだと。そう考えると、訪問美容は決して特別なものではなくて、すべての美容師さんのキャリアの先に、必ず紐

付いていく可能性のあるものですよね。これは大切にしたいな、と決心したことを覚えています。だからこそ、僕は今「訪問美容ゼミ」というかたちで、このコミュニティを育てています。訪問美容は特別なものではなく、誰もが向かっていけるはずのもの。「山の頂上をみんなで目指しましょう」というスタイルをとるのではなく、「みんなで同じ方向に向かって、それぞれの走り方で、速度で、走っていく」ことが可能なコミュニティという方法を今は選択しています。私たちはそのコミュニティのなかで「背中を押してあげる」役割を担っているわけですが、大切にしたいことは、自分たちの学んだ経験や知識を、みなさんがそれぞれ持ち寄ってシェアをしながら磨いていくこと。

　よくコップの水にたとえるのですが、「コップに自分の経験という水を一杯持ち寄って、共通のバケツに入れましょう」と伝えています。そして、「ゼミが終わったときは、みんなで共有のバケツから一杯の水を汲んで、持ち帰ろう。つまり、水を交換しよう」と。

　誰かが自分の経験や学びを持ち寄らず

に、ただ水だけ持って帰ってしまっては、いつかコップの水は空になってしまいます。コミュニティが育たないのです。失敗でも、成功でも、悔しい経験でもなんでもいいから、自分が持ってきたものをちゃんとみんなの前に出して、みんなで持って帰ろうと。混ぜて、みんなでシェアしようと。この方法で取り組んでいけば、熱量のある仲間から、熱量のある仲間へ、素敵なことがどんどん伝わっていき、結果的に訪問美容が広まっていくのかなと考えています。

もらったもの以上のものを、業界に還元していく

荒武：ふくりびさんはNPO法人として、そしてリクルートさんは民間企業としてそれぞれ訪問美容に取り組まれていますが、その立場から、いち美容師として訪問美容に取り組んでいる僕らに対して、期待していることやアドバイスなどはありますか?

岩岡：美容師の技術って、師匠から教えてもらって身につけていますよね。もちろん自分

で練習を重ねて学んではいるんですけど、必ずフィードバックをくれる師匠がいるじゃないですか。師匠の技術を継承することが、生業になっている職業です。ですから、さっきの川島さんの「水を持ち寄って、共有した水をまた持ち返る」話と一緒で、もらった以上のものを業界内に還元させていかないと、枯渇していってしまうんですよね。

「教えてもらったのに自分は人に教えない」とか「自分さえ食べていければいいから、フリーランスで働く」ことが増えていくと、教える人がいなくなって、若い世代に技術が伝承されなくなってしまう。「日本は世界一の美容技術を持っている」といわれていますが、やっぱりちょっとずつ目減りしている感覚がすごくあります。

私もそうですが、荒武さんも、「若い世代にバトンを渡すのか渡さないのか」が委ねられているギリギリのラインだと思います。

我々には長年やってきたなかで培った経験やスキル、人脈があります。せっかく持っているものが、我々の世代で止まってしまったらもったいないですよね。

おじいさん、おばあさんたちが頑張ってきたことと、若者が頑張りたいことにギャップがあることもありますが、「けしからん」「分かっていない」などとお互いにいっている場合ではなく、その間に入って橋渡しをする人材が非常に今必要だと思います。

荒武くんをはじめとした美容師のみなさんとは、一緒にそういう人材を目指していけたらと思っています。若い世代から「かっこいいな」と慕われていて影響力がある。そして、上の世代に対してもリスペクトを持って「教えてください」と素直に聞ける。「僕、これからこういうことがやりたいんですよね」と夢を語って、周りの人の力を借りながら実現させていく。そういう荒武くんの良さは、業界にとっても、非常に今重要なんじゃないかなと思います。

そういう「業界内における役割」みたいなものも意識しながら動いてもらうと、業界も良くなっていくんじゃないかなと思います。期待しています。

赤木：いま岩岡が荒武さんに期待していると話したことは、僕も荒武さんや訪問美容師を志すみなさんに対して期待しているこ

とと同じです。その上で助言するとするならば、これからの時間の使い方について。

　自分の技術を、次世代に時間をかけて提供していってもらいたいなと思っています。自分の年齢と残された時間、それまでに担いたい役割はどんなものか。今まではサロンワークにたくさん時間を割かれてきたと思いますが、これからはこれらをしっかりと見据えた上で、サロンワークと訪問美容のバランスなど、上手に時間を使っていってもらいたいなと思います。

　そうすれば必ず、若い世代の人たちに対して「訪問美容師」という選択肢が受け継がれていくと思います。

川島：みなさんの熱い想いのあとで、恐縮なのですが、僕はただただ、「美しくて、強くて、大きな花を咲かせてもらいたい」と願っています。僕たち民間企業は髪も切れませんし、「なんでこんな事業に参加しているんだ」といわれることもあります。僕自身、民間企業が訪問美容業界に携わることによって貢献できることってなんだろう?と考えないことはありません。

　たとえば、植物って自分の力だけで花を

咲かせることは難しいですよね。お水も肥料も必要ですし、日当たりのいい場所も大事です。誰かの力が必要なのです。そして、一緒に育てる仲間もいたほうがいい。花が咲くまでには、苦しい時期も孤独を感じる時期もあるでしょう。そういうときに、一緒に必要なものを調達したり、台風が来たら風除けの壁になったりする存在でありたいと考えています。そして花が咲いたら「ここにこんなにきれいな花が咲いていますよ!」と他の人たちに一番に知らせてあげる。これが、僕たち民間企業が担える役割だと考えています。

　最高の花を咲かせる未来を、本当にみなさんと叶えたいと思っていますし、そんな未来を迎えることができたら、僕にとってこれ以上嬉しいことはありません。

「生産者不明の花があったっていい」 民間企業・NPO・事業主の 連携について

荒武：最近は「コレクティブ・インパクト」といって、様々なプレイヤーが共同して社

会課題解決に取り組み、共同の効果を最大化するための枠組みが注目されているように感じます。では、この座談会の最大のテーマにもなりますが、民間企業とNPO、そして美容師が、チームとして連携して取り組んでいくためには何が必要だと思いますか?

赤木:我々NPOも、リクルートさんに限らず、保険会社や製薬会社、大学など、多種多様なプレイヤーを巻き込んで一緒にチームで動くことが多いです。

　そのためか、「民間企業と個人事業主とNPOとがどうやって組むか」というよりは、「人と人との関係性」という感覚のほうが近いですね。一人ひとりの想いや取り組み方次第で、業界の壁もセクターの壁も越えられると思っています。

川島:生産者不明の花があったっていいですよね。「みんなで育てたから、生産者が誰かなんて分からないよ」っていう。そういうスタンスでみなさんと訪問美容業界に花を咲かせていきたいですね。

Chapter-3

荒武裕之のルーツ

すべては、マンションの 非常階段から始まった

　ここからは、そもそもなぜ僕が美容師の道に進んだのかをお話していきたいと思う。

　僕がはじめて人の髪を切ったのは、中学生のときだ。「髪を切った」といっても、当時は中学生。美容師免許を持っていたわけでもない。美容について専門的な勉強をしていたわけでもない。全くの素人だった。きっかけは、友人の何気ない一言だった。

　「なあ、オト（当時のニックネーム）が俺の髪切ったら、この3,000円浮くんじゃね?」

　親からヘアカット代として3,000円をもらった友人が、そのお金を小遣いにするために、思いつきで僕に言った言葉だった。悪知恵の働いた友人に僕は、「おー、じゃあ切ってやろうか」と軽い気持ちで引き受けた。もちろん、人の髪を切ったことなど、それまで一度もない。

　友人の提案に乗った僕は、部屋にあったハサミを持ってきた。そして、当時住んでいたマンションの非常階段で、はじめて人の

髪にハサミを入れたのだ。

　恐る恐る、長く伸びた友人の襟足に、ハサミを入れる。

　——ジョキッ。思っていたよりも硬い友人の髪は、鈍い音を立てパラパラと地面に落ちていった。

　一度ハサミを入れたら、あとは不思議と手が勝手に動きだした。人の髪を切るのははじめてのはずなのに、「こんな感じかな？」「ここをこんな風にしたら、いい感じになるかな？」などと、イメージが湧いてきたのだ。このときに感じた楽しさと感触は、今でもよく覚えている。

　こうして、使い慣れないハサミを駆使しながら素人なりに切ってみたところ、驚くことに、中学生の悪ふざけにしては意外とサマになった。なにより、切っている時間がとても楽しかった。

「おー、うまいじゃん」

　自分の姿をはじめて鏡で見た友人も、喜んでくれた。後日、さらに驚いたのは、友人の親に、僕が髪を切ったことがバレなかったことだった。僕のカットを気に入ってくれた友

人は、「次回も頼むわ」と言い、そこから2ヶ月に一度は僕がカットするようになった。

　1人の友人の髪を切ったことをきっかけに、「俺も切ってよ」「次は俺もお願い!」と、次から次へと周りの友人が僕にカットを頼むようになってきた。友人たちは、僕に髪を切ってもらうことで、ヘアカット代を臨時ボーナスに。僕もだんだん、タダで引き受けるのは損な気持ちになってきて、ジュースや牛丼などでおごってもらうというかたちで取引をするようになった。もはや、ちょっとしたビジネスだった。

　こうして、僕が住んでいたマンションの非常階段は、「僕の美容室」に。気がつけば、女子まで訪ねてくるようになっていた。

「これが美容師の仕事か。大人になってこれが仕事になったらすごくいいな」

　髪を切ることが、こんなにも楽しく、しかもみんなに喜んでもらえるなんて。僕がはじめて、美容師になることを意識した瞬間だった。

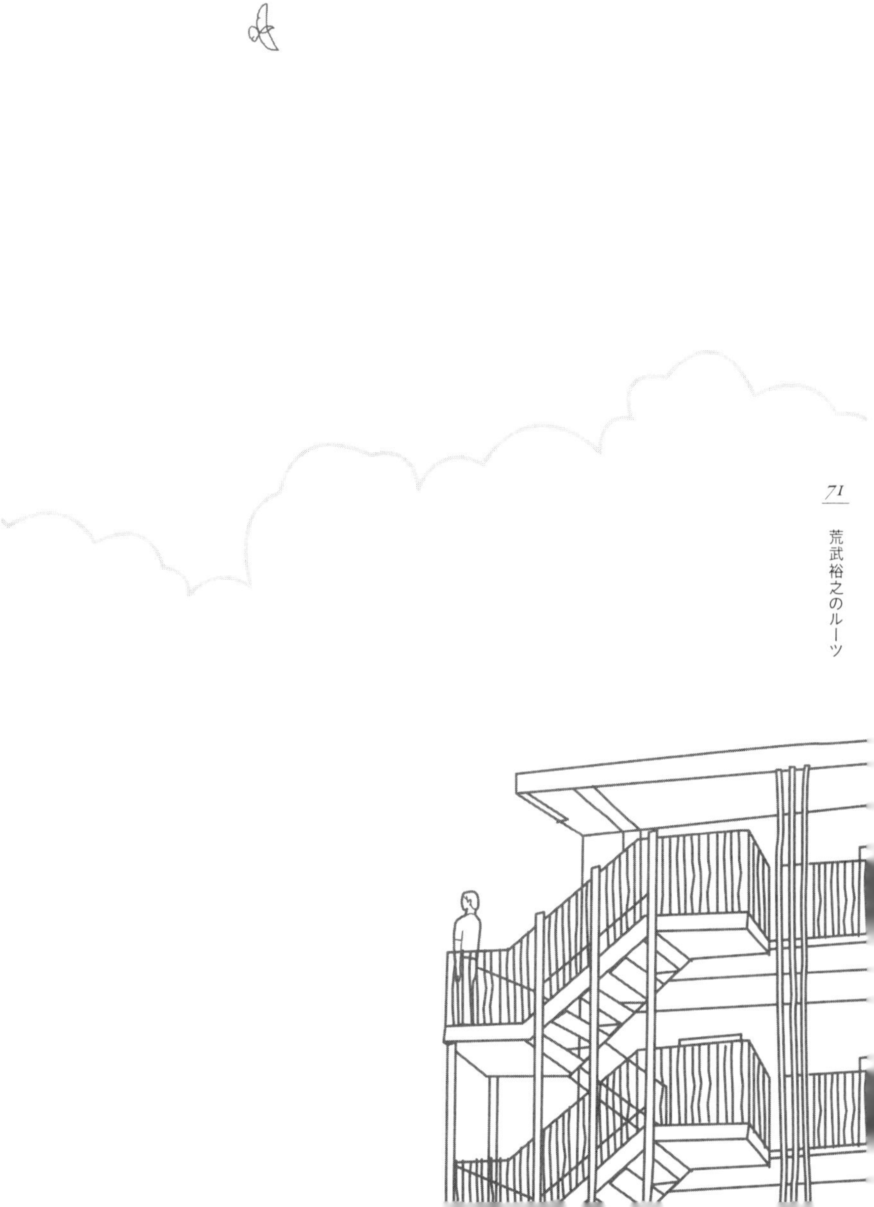

チャンスを棒に振る男

　昔から、何をやってもうまくいかない男だった。

　僕は子どものころ、野球をやっていた。小学4年生のときに地元の野球クラブに入団し、2年間所属していた。小学2年生から野球を始めているチームメイトがほとんどだったので、入団した時点で、すでに周りとは実力に大きな差が開いていた。ただ、ずっとベンチ入りでは悔しい。「僕だって試合に出たい！」そう思った僕は、練習に明け暮れるようになる。

　「野球の技術でこんなにも差が開いている以上、同じことを、同じ時間に練習しているだけでは絶対に追いつけない」。そう考えた僕は、チームメイトが練習していない時間こそ差を縮めるチャンスだと思い、平日も練習に励んだ。雨が降ると練習は中止になるのだが、みんなが「やった！　雨だから練習は中止だ！　遊びに行こうぜ！」と遊びに出かけるなか、僕は「よし！　チャンスだ！」と思ってグラウンドでバットを振り続

けた。

「いつか絶対に試合に出るぞ」

そんな僕に、ある日突然、チャンスが訪れる。

その日は、学校のグラウンドでの練習試合だった。僕は4番手のピッチャーだったのだが、先発陣の調子が悪く、監督から「肩を温めておけ」と声がかかったのだ。

「試合に、出られるかもしれない!」

練習試合とはいえ、僕にとってはまたとないチャンス。張り切って、キャッチャーとウォーミングアップのキャッチボールを始めた。

野球のキャッチボールは、近い距離から始まって、だんだんと距離を広げ、遠投となる。そしてまた距離を縮めていき、はじめの距離で終わる。ところがこの日は、なぜかキャッチャーがさらに遠くへ距離を広げていった。「そんなに遠くへ行く?」と戸惑いながらも、僕はキャッチャーまで届くよう、力一杯、思いっ切りボールを投げた。すると――ガシャン!

思い切り投げたボールは校舎へと飛んでいき、窓ガラスを割ってしまったのだ。

「……」

　ショックと驚きのあまり、僕は言葉を失った。当然、その日は試合に出してはもらえなかった。

　それでも、代打で試合に出る機会に恵まれたことがあった。

　その日の練習では、「目を閉じていてもバットを振れば当たる」というくらいとても調子が良い日だった。監督も、絶好調の僕の様子を見て、「お、調子いいな!」と、代打として起用してくれたのだ。試合自体は負けていたが、僕にとっては貴重な機会。「活躍してチームに貢献するぞ!」と意気込んでいた。

　調子がすこぶる良かった僕に、監督は「バッターボックスの前のほうに立って、初球から打て!」と指示をした。

　ただ、自分はいつもバッターボックスの後ろに立つ派(こういうポリシーは昔から曲げられなかったのだ)。

　前に出ると、マウンドからの距離が短くなるので、その分球速を速く感じるため、後ろに立ったほうが球を長く見ることがで

き、打ちやすいと考えていた。さらに、1球目で打ったこともなかった。「まずは球筋を見たい」と考えるタイプだったため、「いつもと真逆のことをやれ」と言われてしまったのだ。

僕は「練習してないことなんて、できるわけないよ」と、頭の中でもやもやしていた。それでも、せっかく与えられたチャンスだ。絶対にモノにして、監督の期待に応え、チームのみんなに貢献したい。言われるがまま、一歩前に足を出し、初球から思い切りバットを振った。

結果は、セカンドフライ。またしても、僕はチャンスを棒に振ってしまった。

今でも、あのときのとても悔しい気持ちを覚えている。恥ずかしくて、誰とも目を合わせられない。今すぐここから逃げ出したい。どれだけ練習を重ねても、ここぞというときに力を発揮できない自分が情けなくて仕方がなかった。その後も、何度か試合に出るチャンスはあったが、僕は一度も活躍することはなかった。

野球以外にも、小さいころから、「自分は

残念な人間だ」と感じる経験をたくさんしてきた。たとえば、片思い中の女の子から「わたし、あんたのこと好きじゃないから」と言われてしまったこと。僕がその子のことを好きだという事実が、周りから本人に伝わってしまったようなのだが、まさか、告白する前に振られるとは……。

「告白さえ、させてもらえないのか」と、子どもながらに残念でならなかった。

このように、スポーツをやってもうまくいかない、勉強もできない、歌も下手。さらに女の子にもモテない。そんな自分が情けなくて、「僕は何をやっても人並み以下の、

木偶の坊だ」と劣等感でいっぱいになって
いった。

「自分にもできる何か」を
見つけたい

　劣等感でいっぱいだったからこそ、自分
なりに「チャンスをモノにできる人間にな
りたい」「自分でも結果を出せる何かを見
つけたい」と常々考えていた。何かに興味
を持っては結果を出すことに執着し、人一
倍没頭する僕の姿勢は、このコンプレック
スが今も原動力になっている。

　だからこそ、中学生のときに友人の髪を
切って喜ばれたときに、「新しい自分を見
つけた!」と感じた。きっかけは「お小遣い
を増やしたい」という友人の悪巧みから始
まった遊びだったが、何をやってもうまく
いかなかった僕の、はじめての成功体験。
自分が人の役に立ち、大切な人たちが自分
を頼って集まってくれている。その事実に、
「これなら、チャンスをモノにできるような
自分になれるかも」とはじめて思えたのだ。

「おー、うまいじゃん」

　そう言って、喜んでくれた友人の顔を今でも覚えている。このときに感じた喜びが、僕が美容師を志すきっかけとなった。

暴力、夜逃げ、居候
壮絶な幼少期

　僕は、母子家庭で育った。実の父親には1度だけ会ったことはあるものの、それっきり。そのため、ほとんど父親の記憶はない。

　僕が幼いころに母は再婚していたそうだが、これはあとから聞いた話。当時の僕は、母にそんな存在がいることすら知らなかった。その後、母は2度目の離婚をし、3度目の結婚をしている。唯一、僕の記憶に残っているのがその3人目の結婚相手。小学2年生のときから、約4年間一緒に暮らした義理の父親。

　正直、あまりいい記憶はない。今から思い返しても、辛い時期だった。

　義父は、いわゆる家庭内暴力を振るう人だった。言うことを聞かないと殴られ、家に

いる時間が、本当に辛かった。ひどいとき
は、顔が「お岩さん」のようになるまで殴
られたこともある。母が助けてくれたが、当
然、ボコボコに腫れたひどい顔では、次の
日学校に行くことはとてもできなかった。

　そんな状況だったので、当時は、とにか
く家にいたくなかった。いられなかった。
学校が終わって、家に帰らなければいけな
い時間になると、とにかく憂鬱。かなり遠
回りをしながらゆっくりと家に帰っていた。
帰る道すがら「家に義父がいませんよう
に」とひたすら願い、しまいには「もし家
に帰って義父がいたら、マンションから飛
び降りてしまおう」と考えることも一度や二
度ではなかった。

　見兼ねた母が、夏休み中のある暑い日
に、僕を連れて夜逃げをする。はじめはホ
テルを転々としていたようだが、ずっとホテ
ル暮らしをしているわけにもいかない。

　たどり着いた場所は、母の知り合いの家
の、物置小屋だった。家ではない、物置小
屋。そこでは一ヶ月過ごした。もちろん、住
まわせてくれた方には感謝している。ただ、

当時はまだ小学6年生。幼い僕にとって、「人の家の物置小屋で1ヶ月過ごす」という経験は、未だに夢に出てくるのだ。

「これから先の人生、もう二度とこんな経験はしたくない」

そう、強く感じた。良いか悪いかは別として、「もう二度とあの生活には戻りたくない」という強迫観念にも似た強い執念は、その後の人生で、どんなに辛いことがあっても踏ん張る糧となってくれている。

義父からの解放と、夜遊び

中学生になると、母は義父と離婚し、萎縮していた生活が終わった反動から、夜遊びをするようになった。「夜遊び」といっても、中学生なので、夜遅くまで友達の家でゲームをしたり、テレビを観たり、コンビニでたむろしたり、ゲームセンターで遊んだり、といったかわいいものだった。それでも、当時は「"夜遅くまで遊ぶ"という悪いことをしている俺たちってかっこいい」というような、いわゆる「中二病」という意識があった。

こう書くと、「母親は何も言わなかったのか?」と疑問に思う人もいるかもしれない。実際、母はとても厳しい人だった。きっと、女手ひとつで僕を育ててくれたので「母親だけではなく、父親の役割も担わなければ」と思ってくれていたのだろう。とくに時間には厳しく、門限も決められていた。

では、なぜ、夜に自由に遊べていたのか。それは、母の仕事が夜職だったからだ。母は、飲食店を営んでいた。そのため、一度門限までに家に帰り、開店前の母の店で掃除などを手伝えば、そのあとは基本的に自由だった。「これでご飯食べてね」と母から渡された1,000円を持って、ゲームセンターに遊びに行く日々。次第に、生活は昼夜逆転し、学校にもほとんど行かなくなっていった。給食だけを食べに学校へ行くような、不真面目で不規則な中学生生活。

そしてこのころから、容姿も派手になっていった。髪は金色に染め、ツーブロックに刈り上げて、カチューシャ。「不真面目な中学生」だった僕は、勉強に勤しむこともなかった。

そんな僕が、卒業後の進路をどう考えていたのか。

繰り返しになるが、当時は、友人の髪を切りながら「美容師になれたらいいな」とぼんやりと考えるようになっていた。加えて勉強が苦手だったので、「さっさと美容専門学校に通って、手に職をつけよう」と単純に考えていた。

もちろん、技術を身につけるだけでは、立派な美容師にはなれないことは今ならわかる。しかし、当時の僕には知る由もなく、「技術を早く身につけたい」とばかり考えていた。

ところが、美容専門学校へは、高卒の資格がないと入学できない。

「美容師になるにしても、高卒の資格は取っておいたほうがいいよ」という学校の先生と母からのアドバイスもあり、僕は気が進まないながらも高校へ進学することを決めた。

高校時代の苦い思い出

もともと高校に進学しようと考えていな

かった僕は、「どんな高校に入るのか」ということに興味などあるはずもなかった。そのため、受験勉強をしなくても入学できるような、定員割れしている高校が進学先になった。

　結果的に、この決定は、僕の転落に拍車をかけることになる。

　その高校は、当然だがやんちゃな生徒がたくさんいる学校だった。その高校でできた友人たち（ツレというのだろうか）と楽しく過ごすうちに、だんだと、僕の生活も荒れていった。「ヤバイ奴がかっこいい」という価値観を持った仲間たちとつるんでいて、無茶苦茶なことをする奴こそがスターとなるような世界だった。未熟だった僕は、そんな仲間たちと過ごすうちに、次第に「ヤバイ奴として周りを驚かせたい」と、どんどん間違った方向に進んでいく。当然、そのころには「美容師になる」という夢も忘れ去っていた。

　若気の至りで周りを心配させていたころ、1冊の本と出会った。1998年に出版さ

れた乙武洋匡さんの自伝、『五体不満足』（講談社）だ。その本には、産まれたばかりの乙武さんを見て、周りの不安や心配をよそに「人と違っていて、かわいい」と言ったという、お母様のエピソードが書かれていた。僕はこのエピソードを読んで、母親の深い愛情に驚いたと同時に、自分の行いを深く深く悔いた。

　人はみな、誰かにとって大切な存在。赤ん坊は、一人では生きられない。つまり、今生きているということは、家族や誰かに、大切に命を守り育ててきてもらったということ。そんな当たり前のことに、僕は、ようやく気づくことができたのだ。

　「これまで、たくさんの人に迷惑をかけてきてしまった。これからは、人に迷惑をかけずにひっそりと生きていこう」と心に決めた。正直その時点では、「これからは人の役に立つことをしよう」「人を幸せにしたい」などと具体的な夢は描けなかった。僕は、ゼロどころではなく、マイナスからの再スタート。まずは更生し、自立し、ゼロ地点まで這い上がってからだ。

今まで女手ひとつで育ててきてくれた母に、迷惑をかけてしまってきた。それでも、変わらず僕を常に心配してくれる母。母のためにも、改めて、「まずは早く自立できるようにしよう」と誓った。

福祉・介護との出会い

　ゼロ地点に立とうと決意した僕は、「福祉施設へのボランティア活動」に参加できる機会に恵まれた。僕は先述した乙武さんの自伝『五体不満足』を読んでから、福祉の分野に興味を持ち始めていたので、参加を希望した。

　僕がいま「訪問美容」という分野にチャレンジしているのは、このとき参加したボランティア活動で感じたことがきっかけとなっている。

　さて、訪問先の福祉施設はどうだったかというと、衝撃を受けた。正直にいうと、思い描いていた風景とは程遠い光景が広がっていた。すべての施設がそうだったわけではなく、たまたま当時行った施設が、古かったの

かもしれない。建物は老朽化していて、施設のなかは、日中にもかかわらずとても暗く、ツンと鼻をつくような独特の臭いがしていた。

高齢者の方たちが過ごしている大部屋には、ベッドがぎっしり並べられていた。人一人が、やっと通れるくらいのスペースしかない。

そんな環境で過ごしている高齢者の方たちは、ベッドの上でボーッとしたり、眠ったりして一日を過ごしていた。寝たきりの生活を余儀なくされている方以外の人も。食事の時間になったらスタッフに起こされて、食事をとって、また寝る。面会に来るご家族もいない方が大半だと聞いた。

僕はボランティアで、食事の介助や入浴の手伝いなど身の回りのお世話をさせてもらった。清拭した方の筋肉は衰え、身体は痩せ細っていた。僕の目には、その施設で過ごしている方たちが、とても、とても不健康そうに見えた。もちろん、スタッフの方たちは、入居者の方たちが生命を維持するために必要なサポートを一生懸命されていたと思う。でも、入居者の方たちの表情からは「生きる

活力」みたいなものを感じられなかった。

　当時16歳だった僕は、歳をとるのが怖く
なった。歳をとれば、自分で自分の体を思う
ように動かせなくなり、運動をすることが億
劫になっていくのだろう。自分で満足に食事
をとれなくなったり、お風呂に入ることもでき
なくなったりする。老いと、それに伴う身体
の衰えは、誰にも平等に訪れることであり、
避けることはできない。

　ただ、そうなったときに、このような時間
の過ごし方をしたいのかどうか。真っ先に
浮かんだのは、母の顔。僕が病気や怪我を
しない限りは、僕より母のほうが先に介護
が必要になる。そうなったとき、母はこうい
う環境で暮らすのだろうか。

　僕は思った。「介護を受ける人たちが、
可能な範囲で楽しみを持ち、豊かな時間の
過ごし方ができるようなサポートを将来で
きたら」と考えたのだ。

　僕はこのときから、ぼんやりと「いつか
将来、美容師として、福祉という分野にも携
われたらいいな」と思うようになった。

心機一転、美容専門学校へ

通っていた高校を中退した僕は、改めて美容専門学校に進学することを決める。当時は、夜間であれば高卒の資格がなくても受験することができたのだ。

入学試験の面接では、僕がやんちゃだったことは伝えなかった。僕が面接官だったら本当のことを言ってしまっては、絶対に合格などさせないと思ったからだ。しかし、面接が終わったあと、面接官から「もう少し正直に話してほしかったな」と言われてしまった。面接中のことは、緊張していたのでよく覚えていないが、うまく隠しきれていなかったのだろう。

「こりゃ、落ちたな」

そう思った。

ところが、結果は合格。チャンスを与えてくれた神様に感謝した僕は、「ここからは、心機一転頑張るぞ」と自分に誓った。

僕が入学したのは山野美容専門学校。夜間だったので、授業は18時から21時まで（当時）。そこで僕は、授業のない昼間の

時間と、授業が終わったあとの夜の時間帯は、働くことにした。早く経済的にも自立して、これまで苦労をかけてきた母の負担を少しでも減らせればと考えたのだ。

　昼間は、知り合いに紹介してもらった、スプリング工場でバネをつくる仕事をしていた。毎日煤だらけになりながら、8時30分から15時くらいまで働いていた。

　一度家に帰り、着替えたあと、学校へ向かう。そして、授業が終わったあとは週に2日くらいホストクラブで働いていた。なぜ深夜のアルバイトにホストクラブを選んだのかというと、コミュニケーション能力を身につけたかったから。僕は、母の職業が夜職だったこともあり、小学生や中学生のときに何度か新宿二丁目へ連れて行ってもらった。母の仕事仲間のお店だ。

「今日は学校に行った?」

「学校でどんなことをしたの?」

「裕之くん、大きくなったね〜。私好みだわ。なんちゃって」

　お店の人たちは、慣れない場所で戸惑っている幼い僕に対しても、会話を楽しめる

ように接してくれていた。

　今振り返ると、人見知りを発揮している僕に対して、まずはクローズド・クエスチョン（イエス・ノーで答えられる簡単な質問）で会話のきっかけを掴み、慣れてきたころを見計らってオープン・クエスチョン（自由に答えられる質問）をして、僕に気持ちよく喋らせる。そして、たまにくすっと笑えるような冗談を言って和ませてくれる。まさにプロの接客だった。

　美容師は、接客業だ。

　これから美容師になろうとしていた僕は、「どうせ深夜にアルバイトをするなら、夜の世界に飛び込んで、接客について学ばせてもらおう」と考えたのだった。実際、ホストクラブでのアルバイトは、もともと人見知りだった自分にとって、とても勉強になった。接客の基本である、「相手のニーズを汲み取る」とはどういうことなのか。話す割合と、聞く割合のバランスの取り方。日々のお客様を接客させていただくなかで、対人コミュニケーションにおけるたくさんのパターンを学べたと自負している。

　なかでも、今でも意識していることはトイ

レ掃除。アルバイト時代、お客様一人がお手洗いを利用されたら、そのたびに掃除をしていた。そのときは「こういう理由があるから、毎回トイレ掃除をすることが大切なんだよ」などと、トイレ掃除が大切な理由を教わったわけではない。「いいからとにかくやれ!」と言われていた。ただ、そうやって毎日毎回トイレ掃除をするたびに、「人と違う結果を出すためには、他の人がやらないことや、やりたがらないことこそ一生懸命やることが必要だ」「他の人がやらないことにも取り組むからこそ、他の人と違う結果を出せる」、そう解釈するようになった。少年野球をしていたころの自分がそう語りかけてくれるようだった。あれから20年以上経つが、トイレ掃除は、今でも大切にしている習慣のひとつだ。

　もちろん授業は真剣に受けていた。中学生のときは給食を食べたことしか記憶がない僕が、心機一転、どんなに体調が悪くても授業を一日も休むことなく、皆勤賞で卒業することができた。

新卒で代官山のサロンに就職
美容師・荒武裕之、誕生

　美容専門学校を卒業後、代官山のサロンに就職した。美容師として早く成長するためには、厳しい環境に身を置いたほうがいいと考えた僕は、「指導が厳しい」と聞いていたサロンを就職先に選んだ。同期は20人。

　そのサロンでは毎月試験があり、その試験に合格すると、スタイリストデビューができるというルール。アシスタントからスタイリストになると、シャンプーやカラーの練習から、ハサミを持った練習もできるようになる。早くスタイリストとしてデビューしたいと思っていた僕は、日々朝から晩まで練習に明け暮れた。

　練習時間は、サロンがオープンする前の時間帯と、営業時間が終了したあとの深夜。朝は7時から、夜は1時くらいまで。そのため平均睡眠時間は4時間。しかし専門学校生のころの睡眠時間は3時間程度。学生時代に、睡眠時間もそこそこに働く生活をしていたおかげで、まったく苦ではなかっ

た。それよりも、早く試験に受かり、1日でも早くスタイリストデビューしたかった。

　あるときは同期の一人から、「なんでそんなに練習するの？　そんなに練習したって、5年後も変わらないよ」と言われたこともあった。それでも僕はただ、黙々と練習を続けた。

　昔から何かに興味を持っては結果を出すことに執着し、人一倍没頭してきた。幼少期は、どれだけ努力しても結果が出ないことばかりだったが、このときは、その努力がどんどん結果に結びついていく。当時の自分に「よく頑張った」と声をかけたいくらいだ。

　入社してから9ヶ月。僕は試験に受かり、同期のなかで一番早くスタイリストデビューをした。シャンプーやカラーに加えて、カットの練習もできるようになった僕は、ますます練習に励むようになる。

　そんな僕の様子を見ていた当時の副店長は面白くなかったのだろう。きつくあたられることが多くなっていった。「入社してきたばかりのくせに、なんでカット練習なんかしてんの？」といって、買ったばかりの大切なハサミ

を投げられたり、蹴られたりしたこともあった。

　前向きに捉えると、彼なりの、指導方法だったのかもしれない。それでも僕にとっては、いじめられているような気持ちでいっぱいだった。物を投げられたり、蹴られたりという暴力的な行為は、家庭内暴力を振るっていた義父を彷彿とさせた。あの記憶がフラッシュバックしてしまったことも一度や二度ではなかった。

　それでも踏ん張れたのは、当時の店長のおかげだった。

　店長は、僕が18歳のときに30歳くらいだったと思う。仕事においても、人生においても大先輩。直接指導を受けたことはなかったが、彼女の店長としての存在感は、僕の「理想の店長像」だ。

　今でもたまに連絡を取り合ったり、僕の休みの日にお客様が「どうしてもこの日しか空いていない」とおっしゃるときには、店長が現在ご自身で経営されているサロンをご紹介させていただいたりしている。僕は今でも、彼女を「店長」と呼ばせてもらっている。それくらい、僕にとって「店長として

のあり方」を教えてくれた先輩なのだ。

　店長は、天然でかわいらしくて、親しみやすい性格。冗談をよく言っては雰囲気を和ませていた。でも仕事となると、キリッとスイッチが入れ替わって、プロとして素晴らしい仕事をバリバリこなす。当然スタッフからも、とても慕われていた。だからこそ、「店長のためにも、早く一人前になって、店をもっと盛り上げよう」と踏ん張れていたのだと思う。

　ところが、ある日、店長が店を去ることになった。僕のなかでプツン、と気持ちの糸が切れる音がした。この店で、トラウマに耐えながら頑張り続ける理由を、完全に見失ってしまったのだ。しかし、「辞めよう」と決断するまでには、時間がかかった。「ここで美容師として早く一人前になって、これまで迷惑をかけてきてしまった人たちを早く安心させるぞ!」と、並々ならぬ覚悟を持って入社した会社。その覚悟を、自分自身で裏切ることになるなんて。「結局お前はそういう人間なんだ」という心の声が聞こえてくる。

　ただ、一方で、暴力的な指導に耐えてい

るうちに、また自分が闇に吸い込まれてしまいそうな感覚にも陥った。「以前の自分には戻ってはいけない。もう二度と、同じ失敗は繰り返したくない」そう強く思った僕は、とりあえずこの場から離れようと決めた。

辞める決心をしたとき、一番はじめに連絡したのは店長だった。電話で、「すいません、もう、無理です。店長のいない店で、『もっとこの店をよくしよう』とか、考えられないです」と伝えた。よく考えたら、おかしな話だ。だって、店長はもう店を辞めていて、店長ではないのだから。それでも、僕にとっての「店長」は彼女だったのだ。そんな僕に店長は優しく、「そっか。そうだよね」とだけ言ってくれた。

その後、店にも退職の意思を伝え、店を去った。19歳の冬のことである。

戦意喪失からの再出発

覚悟を持って入社したはずの会社で、嫌がらせを受け、信頼していた人も去ってしまい、1年半ほどで辞めてしまった僕に、目

標などなかった。

　戦意喪失した僕は、昼過ぎに起きて、レンタルビデオ屋へ向かい、適当に気になる映画を3本借りるという、自堕落な生活を送り始める。当時は、3本借りると1,000円という料金システムだった。今ならNetflixだろうか。そして家に帰り、ひたすら映画を見ていた。

　映画を明け方ごろまで見て、眠くなったら寝て、また昼過ぎに起きて……という毎日の繰り返し。「これから先どうやって生きていこう」とか、「仕事どうしよう」などといった、未来について考えることなどなかった。というより、これからのことなど、考えたくもなかった。ただただ現実逃避。

　そんなニート生活が1ヶ月ほど続いたある日、ある1本の映画と出会う。

　ロバート・デ・ニーロやキューバ・グッディング・ジュニアらが出演している2000年に公開されたアメリカ映画、『ザ・ダイバー』（原題:Men of Honor）。アメリカ海軍で、アフリカ系黒人としてはじめて「マスターダイバー」の称号を得た、実在の伝説の潜

水士、カール・ブラシアの半生を描いた映画だ。舞台は、第二次世界大戦終結後の1940年代末期のアメリカ。「黒人ダイバーなど許されん」と、人種差別が当然のようにはびこる海軍で、あらゆる差別や妨害を受けながらも夢のために歯を食い縛っていく。僕は、あらゆる困難に負けずに、自己の限界に挑戦し続ける主人公のカール・ブラシアの生き様に胸を打たれた（単純ですよね。単純なのです）。

「俺、何やってんだろう。こんな生活して」

明け方の、真っ暗だった空がだんだんと明るくなってきたころ。僕は、居ても立ってもいられなくなり、突然家を出て走り出した。夢に向かって努力をしても、なかなか報われず、辛い出来事が重なる主人公と自分を少し重ね合わせて観たのかもしれない。ただ、主人公と僕のあいだには大きな違いがあった。僕は夢を諦めて逃げようとしていたのだ。何事も、長く続けなければダメだと思い込んでいたので、1度諦めてしまったら、その時点で、その職業自体、辞めたも同然だと思っていた。しかし、「美容師になる！」と周

りに宣言して、専門学校まで通わせてもらったのに、一度挫けただけで諦めるなんて、かっこ悪い。なにより、応援して支えてくれている人に対して、無責任な行為だ。

「もう一度、ゼロからやり直そう」

こうして『ザ・ダイバー』という素晴らしい作品から再出発の勇気をもらった僕は、走り出したその足で、転職情報誌を買いに行った。

家に帰り、さっそく転職情報誌を開くと、美容師の求人欄を探した。「美容師以外の仕事をする」という選択肢は、僕にはない。

僕は、1ページをめくり最初に目についた店名へ電話をかけた。

Chapter-4

トップスタイリスト時代
ゼロからの再スタート

フランチャイズを本格的に取り入れ始め、多店舗展開を進めていた大手サロンの都立大学店で、僕は再スタートを切ることになった。

そのころの僕は東急東横線沿いの祐天寺で一人暮らしをしていたため、同じく東急東横線沿いの駅だった都立大学駅は家から通いやすい点が魅力だった。再スタートとはいえ、代官山のサロンで働いていたときに必死に練習を重ねていたので、「まったくの素人ではない」という自負があった。いや、生意気にも、「僕、なんでもできます!」くらいの気持ちでいたのかもしれない。

ところが僕は、働き始めてすぐに無力感でいっぱいになる。なぜなら、同期たちが本当によく仕事がデキたから。

早くて、しかも、うまい。圧倒的な差の理由は、経験の数。当時、その会社は急速に店舗拡大を進め飛ぶ鳥を落とす勢いで右肩上がりに成長していた。僕が働いていた都立大学店も、多いときは1日に100人以上のお客様の対応をしていたと記憶している。それに対して、以前僕が働いていた代

官山のサロンは、最大でも30人程度。1日5人という日もあった。

　もちろん、ターゲットや客単価が違うので単純に来店人数だけを比較することに意味はない。しかし、こなしているお客様の数という経験の違いは、そのまま実力の差として如実に現れていた。あんなに勉強して、練習もたくさんしていたのに。同期のなかで、一番だったはずなのに。場所が変わると、こんなにも通用しないのか……。

理想の環境で、美容にのめり込む

　自分の実力が、まだまだ通用しないことを思い知った僕は、すべて一から練習しなおすことにした。以前働いていた代官山のサロンに感謝している点は、技術をしっかりと丁寧に教えてくれていたこと。そのおかげで、お客様から「新しく入ってきたあの子、すごくシャンプーが丁寧でいいわね」と言っていただけたこともあった。

　ただ、どんなに丁寧でも、時間がかかっ

てしまっていては、より多くのお客様に
サービスを提供することはできない。僕も
同期たちのように、スピードも追いつこうと
必死だった。

　お客様の数が多く、実践できる機会はと
にかく多かったので、教わったことを忘れ
る暇などなかった。まずはしっかりと技術
を身につけ、そのあと、スピード面も改善
していく。この順番で学べたことは、とても
幸運だった。はじめから「速さ」ばかり意
識してしまうと技術面がおざなりになって
しまったかもしれないし、かといって「技
術」ばかり意識をしていても、時間ばかり
かかってしまい、次のお客様を待たせてし
まう。確かな技術を、スピーディーに提供
する。結果的に両方をバランスよく学べたこ
とは、僕のキャリアにおいてとてもプラスに
働いたのだ。

　また、「これ!」と決めたら成果が出るま
でとことんのめり込む僕にとって、そこは
最高の環境だった。同じ環境で働いていて
も、それぞれ働く理由も違うし、温度差があ
るのは当然。だからこそ、「仕事はそこそこ

でいいので、自主練もそこそこにしておきます」とか、前職の同期のように「そんなに練習したって、何も変わらないよ」などと言う人がいなかったことにはとても驚いた。さらにその会社では、社内外問わずヘアショーやコンテストの出場機会が数多くあり、みんな、スキルアップを目指して毎日練習に没頭していた。

　当時、ヘアショーの制作に関わっている人が店舗にいたのだが、夜通しで仕込んでいるのを見て興奮し、思わず「手伝います!」と言ったこともあった。ヘアショーの前日まで、毎日夜中の3時くらいまで夢中になって手伝った。今までにない経験だった。「全員が同じ方向に向かって、同じ熱量を燃やして全力で頑張っている」と感じられる環境はとても理想的で、安心して好きなことに没頭できる環境は、僕にとってはパラダイスのようだった。夢のなかでもシャンプーの練習をしていたくらいの没頭ぶりだった。そんな恵まれた環境で、とにかく下積みを重ねていくことができた。

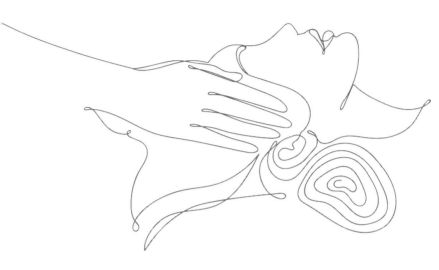

「素晴らしいチームの一員である」 という誇り

　当時のオーナーとの出会いも、僕のモチ ベーションを上げてくれた一つの要因だっ た。

　オーナーは、都立大学店と二子玉川店を 受け持つ敏腕経営者。美容師としても素晴 らしい方で、とくにマネジメント力が抜群だっ た。不器用ながらも「これ!」と決めたら突き

進む僕をうまくコントロールしてくれていた。

　各店舗では、売上のランキング表が貼り出されていた。当時僕が働いていた都立大学店はいつも1位。偶然とはいえ、そんな店舗のメンバーの一員となれたことを誇りに思っていた。「この実績に、さらに貢献できるような美容師になりたい」と思っていた。

　ただ、志を高くしても、当時の僕はまだアシスタント。お客様を直接担当（カット）させてもらえる立場ではなかったので、数字として貢献できることといえば、物販（シャンプーやトリートメントなどの販売）だった。とにかく、店に貢献したい思いでいっぱいだった僕は、ホストクラブでの接客の経験を生かし、物販に力を入れた。結果的に、物販の年間売上はアシスタントのなかで、全国で常に上位3位以内に入っていて、1位をとったこともあった。とにかく、無我夢中だった。

　そんなある日のこと。突然、オーナーに呼び出された。「お前、ちょっと二子玉川店に行って、盛り上げてこい」。都立大学店で働き始めてから、1年半が経ったころのことだった。

二子玉川店で
スタイリストデビュー

　きっかけは、唯一の男性のスタイリストの退職。そのため、運良く僕は異動先でスタイリストとしてデビューできることになった。

　当時、スタイリストにはランクがあった。上から、

・クリエイティブディレクター（指名率・技術力が高く、技術指導に携わるスタイリスト）

・ディレクター（指名率・技術力が高く、社内外講習も経験しているスタイリスト）

・トップスタイリスト（指名率の高いスタイリスト）

・スタイリスト（社内テストに合格したスタイリスト）

・デビュースタイリスト（アシスタントから昇格した新人スタイリスト）

　という具合だ。

　僕は、トップスタイリストからデビューすることになった。自分でいうのもなんだが、大抜擢。会社の慣例的にありえないことだったそうだが、当時二子玉川店にトップスタイリストが不在だったということと、僕の勢いを買ってくれての決断だったようだ。

オーナーの期待に応えられるよう頑張るぞ！　と気合いが入った。やる気に満ち溢れていた僕は、自らの売上目標を高く設定し、そして達成し続ける日々を送り続けてきた。

ご縁を大切に、永いお付き合いを

僕のモットーは、「ご縁を大切に、永いお付き合いを」。この時期に出会ったお客様たちとは、今でもお付き合いが続いている方が多い。なかには、結婚式に呼んでくれたお客様もいらっしゃった。その方はKさんといって、いつもお話が面白い素敵な男性。当時Kさんは千葉県に住んでいたそうだが、友人に会うために二子玉川に来たときに「時間も空いたし髪でも切ろう」と立ち寄ってくれたことがきっかけでお付き合いが始まった。

なぜかKさんが来店するときは、僕がちょっと仕事で落ち込んでいるタイミングが多く「あれ、ちょっと太りました?」とおなかのお肉をつまんで笑い合ったり、冗談を言い合ったりした。Kさんと話しているうちに、いつの間にか元気になっていく僕。会うと

いつも元気をくれた。そんなKさんは、いつからか彼女も連れてきてくれるように。その彼女とめでたく結婚されるというご報告を受けたときは、僕も自分のことのように嬉しかった。さらに、「尾登（僕の旧姓です）さんには、夫婦でずっとお世話になっているから」と、二人の結婚式にも呼んでもらったのだ。

結婚式は、二人らしい、あたたかい素敵な式。大切なお客様の人生の節目にご一緒することができ、僕にとってとても幸せで大切な思い出のひとつだ。

このように、美容師としてお客様たちの人生に長く寄り添えることは、僕にとってなによりの喜びだ。生活環境や、仕事の内容・役職、ライフステージの変化、そしてそのときの気持ちによって、「お客様にとって最高の髪型」は変わっていく。僕は、お客様それぞれの人生のストーリーに寄り添い、いつだって最適かつ最高の美容を提供したい。そのためにも、お客様自身とお客様の髪のことを深く理解し、信頼関係を築けているからこそできる提案・接客をしていきたい。その想いは、当時も、今も、まったく変わらない。

会社の新たなチャレンジを
任されることに、
そして最年少売上記録の達成

　お客様のなかには、担当してほしいスタイリストに指名料を払って指名する「指名客」と、とくにスタイリストを指名せず当日出勤しているスタイリストに担当を任せる「フリー客」がいる。フリー客は、当日出勤しているスタイリストが担当する。

　当時は僕の他に3人のスタイリストがいて、「今日はAさん、明日はBさん、明後日はCさん」という具合に、日替わりでフリー客を担当できる順番が決まっていた。僕がフリー客のお客様を担当するのは3日に1回になってしまった。「毎日、一人でも多くのお客様を笑顔にしたい」と考えていた僕は、まったく満足できなかった。そこで、「一度僕が担当したお客様には、絶対に指名で戻ってきてもらおう」と考えるようになった。

　もちろん、それまでも一人ひとり真剣に向き合っていたが、「また、この美容師さんにお願いしたい」とお客様に思ってもらう

ためには何が必要か？　ということを考え
に考えた。足を運んでくださったお客様に
対して、感謝の気持ちを120パーセントお
返しできるよう、尽くすようになった。

　一人ひとりの髪の状態によってケアのア
ドバイスをしたり、「次はこういう髪型もい
いかもしれませんね」とアドバイスをしたり
していた。すると、次第に指名は増えていっ
た。さらには、常連となったお客様が、大
切なご家族やご友人を紹介してくださること
も増えてきたのだ。

　たとえば、僕が二子玉川店でスタイリス
トとしてデビューしたときから、異動しても
ずっと通ってくださっている小林さん。小
林さんは、当時大学生だった娘さんを連れ
て、二人で来てくれていた。はじめは小林
さんだけ担当させてもらっていたのだが、
そのあと娘さんも僕に担当を変更したいと
申し出てくれ、二人同時に施術させていた
だくことも。そしてさらには小林さんの弟ま
で紹介で来てくれるようになったのだ。ち
なみに、出会ったころは大学生だった娘さ
んも、今はご結婚されている。そして、その

旦那様も今、僕のサロンに通ってくれている。縁は今でも続いているのだ。

小林さんは、コテコテの関西弁で話す、明るく素敵なお母さん。僕がまだデビューしたてのころ、外でチラシ配りをしていたときに、チラシを受け取ってくださったことがきっかけ。かれこれ、18年も通い続けてくださっている。僕の美容師歴と、ほぼ同じだ。「外で一生懸命チラシ配りしていた人が、こんなに立派になってね～」なんて言いながら、僕の成長を見守るかのように、しかも大切なご家族と一緒に、通い続けてくださっている。そのことをとても嬉しく思いますし、感謝しています。

このように、僕は素敵なご縁に恵まれ、担当させていただく大切なお客様が増えていった。

そうして、二子玉川店に異動して1年2ヶ月が過ぎたころ。それまでは神奈川エリアを中心にサロンを出店してきたが、千葉エリアへも進出するとのことだった。その流れで、本八幡店がオープンすることになったのだ。

「次は、千葉エリア出店の足掛かりとな

る、第1号店を盛り上げてきてほしい」

　オーナーの期待を再び背負った僕は、その本八幡店のオープニングスタッフとして、新店の立ち上げをすることになった。

　僕を選び続けてくださっているお客様に、ますます喜んでいただけるよう、常に技術の向上に努める。すると、お客様が大切な人を連れてきてくださる。大切な人たちと、長いお付き合いができるように、期待を裏切らないように、ますます努力をする……。「ご縁を大切に、永いお付き合いを」という姿勢は、好循環を生み出してきた。

　指名やご紹介が増えてくると、当然売り上げも上がってくる。気づけば月間売上400万円を達成していた。

　これは、当時のグループ最年少での月間売上記録だ。ちなみに、この記録は未だに破られていないと聞いている。当時、23歳。本八幡店のオープニングスタッフとして立ち上げに参加してから、10ヶ月が経ったころ。僕はようやく僕の理想的な働き方ができ、お客様にとって、少しは大事な存在になれてきたかな、と実感してきた。

そんな、順調にキャリアを積み上げていた僕に、オーナーはさらなるチャンスをくれた。

最年少店長から
最年少マネージャーへ

　オーナーは、オープンして半年が経つが、あまり業績がよくないという行徳店への異動を命じた。異動に関してはとくに何も感じなかったが、驚いたのはオーナーの次の一言だった。

「店長として、行徳店を立て直してこい」

　店長なんて、これまた大抜擢の人事異動だ。聞いたこともない。もちろん、不安も少しはあったが、「自分なら絶対にできる」という妙な自信のほうが大きかった。なにより、入社して以降、こんな僕の頑張りを見守り、認めてくれて、チャンスを与え続けてくれているオーナーの期待に応えたい。そんな気持ちでいっぱいだった。

「分かりました」

　当時、24歳。グループ最年少の店長が誕生した。

やはり、僕の読みは間違ってはおらず、本八幡店でやってきたことを忠実に行徳店でも実行すると、立て直しにはそう時間はかからなかった。その後、小岩店の立ち上げを担い、そのまま小岩店の店長として、1年くらい働いた。そして、その後は実績が認められ、行徳店と小岩店のマネージャーに。当時26歳。こちらも「最年少」マネージャーだった。

ようやく、ここまで来た――そう思った僕は、ようやく、入社してから、夢中で駆け抜けてきたこれまでのことを振り返ることができた。

ふとよぎる、 「福祉」に携わるという夢

一方で、「これからは人の役に立つことをして生きていこう」と誓った16歳のときに描いた、「美容師になる」という夢と「福祉の分野に携わる」という2つの夢について考えるようになってきた。このまま新店舗の立ち上げや立て直しを続けていった

先に、福祉の分野に携われる未来はあるのだろうか……。

オーナーは、「お前は、将来どうなりたいの?」と、ことあるごとに話を聞いてくれたので、そのたびに「美容師をしながら、福祉の分野にも携わりたい」と熱っぽく伝えてきた。しかし、「イメージが湧かないなあ」とオーナーにはいつもあまり響いていない様子だった。

僕は、諦めず今一度オーナーと話してみることにした。

「美容師として働きながら、ゆくゆくは福祉の分野にも携わり、ご高齢の方へ生きる喜びを提供したいんです。ここでその夢が実現できないなら、会社の退職も考えています」

本気で取り合ってくれないオーナーに、僕ははっきりと伝えた。

すると、オーナーは、

「お前は、現場にいて、売上を上げて、店舗を増やしていくことに長けている。だからそういう場所で力を発揮してほしかった。福祉にも携わりたいっていうけど、美容と

福祉の両方って全然イメージ湧かないよ。お前は、美容室の現場で活躍するのが一番だよ」

それは、僕のためを思って言ってくれた言葉だったのかもしれない。それでも僕は、何年も伝え続けてきた夢を、応援してもらえないことが悲しかった。そして、「あくまでお前は組織の一員なんだから、実現できるかどうか分からない夢なんて追わずに、求められている役割をちゃんと果たしてくれ」と言われているようにも思えてしまった。組織から期待されている自分の役割と、自分の実現したい夢にギャップがあることを悟った瞬間だった。

「このままでは、もうひとつの夢が叶わないかもしれない」

そう思った途端、また、先が見えなくなり始めた。

美容師は、一般的に独立を志す人が多い。理由は、人により様々だ。「カリスマ美容師」に憧れて、はじめから「自分の店を持つこと」を目標に頑張っている人。美容師としての学びを重ねるうちに、「ヘアケア

商品は、このメーカーのものを取り扱いたいな」「本当はこっちのカラー剤を使いたいな」「この機材を導入したいな」と、自分の知識と感性をフルに活用できるよう、自由に自分の店づくりをしたくなった人。雇われている立場では、ベテランになっても報酬の上限が見えてしまい、家族を養うためにも「自分で経営しよう」と決断する人……。

　僕は、これまで独立を考えたことは一度もなかった。なぜなら、美容師としてとにかく早く成長したかった僕にとって、この会社は理想の環境だったから。

　社内には、「早く追いつきたい」と思わずにはいられない、優秀でかっこいい仲間や先輩がたくさんいた。自分の課題や目標が浮き彫りになる、コンテストやヘアショーも積極的に参加・開催している点も、自分にとっては、モチベーション維持やスキルアップに大きく影響していた。そしてオーナーも、僕が何もできなかったころから、可能性を信じてたくさんのミッションを任せてくれた。だからこそ、この会社で自分の

夢を叶えたいと思っていた。ここで働きながら、「美容師になる」「福祉の分野にも携わる」という2つの夢を叶えられたら、どんなに素敵なことだろうといつも思い描き、そのために必死に働いてきた。

　だけど、ここでは2つ目の夢は叶えられないかもしれない。だとしたら……。

「自分の理想とする環境は、自分でつくるしかないのかもしれない」

　僕はこのときはじめて、独立を意識するようになった。

社長からの意外な提案

「なんか揉めてるらしいじゃん。大丈夫?」

　笑いながらそう電話をかけてきてくれたのは、当時の社長だった。

　当時の社長は、もともとグループ店のフランチャイズオーナーだった方。現場からのたたき上げで社長に就任された。だからこそ、現場のことをよく見てくれている人だったのだ。

「正直、会社を辞めようか迷っているんです」

僕は、社長に対して、迷いを素直に打ち明けた。すると、社長は僕に意外な提案をした。

「銀座店とか、どう?」

　僕を銀座店の店長として異動させようか考えているというのだ。銀座エリアは、都内のなかでも美容室の出店数が多いエリア。高級ブランドの路面店やデパートなどが立ち並び、最先端の美容やファッションが集まる。そんな街にある美容室に訪れるのは、「髪のメンテナンスをするためだけに銀座の美容室まで足を運ぶ」お客様ばかり。つまり、「住んでいる場所から近いから」という理由で美容室を選ぶお客様よりも、「最先端の流行を取り入れたい」「技術力が高く、センスも抜群な美容師に髪を任せたい」といった理由で銀座の美容室を選ぶお客様のほうが圧倒的に多い。

　お客様からの期待値も高く、競合も多い銀座の店で働くことは、美容師としてまた次のステージへ行けるような気がした。でも、僕が会社を辞めようか悩んでいる理由と、それはまた別の話だった。

「社長、とてもありがたいご提案なのですが、僕には、ずっと昔からやりたいことがあるんです。オーナーにも以前から伝えているのですが、僕は、美容師として福祉の分野にもチャレンジしていきたいと思っています」

　ドキドキしながらも真剣に伝えると、社長からは、また意外な答えが返ってきた。

「いいじゃん。銀座でやりなよ!」

「……えっ、できるんですか?」

「できるよ。任せろ!」

　社長は自信満々にそういってくれた。

「そうなんですか?　じゃあ、銀座店に行きます!」

　この会社で働きながら、もうひとつの夢である「福祉の分野にも携わる」とうことも叶えられるならば、なんの問題もないじゃないか。そう考えた僕は、そのまま社長の提案を受け入れることにした。

結婚、そして離婚

　異動してみると、なんと銀座店は経営不振店だった。すぐに、社長が僕に求めてい

ることは「経営不振店の立て直し」だと理
解した。

「もしかすると、社長の言葉は、僕に退職
を思い止まらせるために言っただけなのか
もしれない……」

しかし、任せられた以上はしっかりと責
任を果たしたい。僕は、銀座店の経営状況
を2年ほどでV字回復させた。やはり、僕は
店舗の立ち上げや立て直しに向いているの
かもしれなかった。当然のことだが、マネジ
メントをする立場になってもいち美容師とし
て技術を磨き続けることは怠らなかった。コ
ンテストにもチャレンジしていて、2011年
には、UNITED DANKS JAPAN (日本美容
経営協会・本多義久代表幹事) のコンテスト「第8
回King of Kings Contest」のカット部門で
最優秀賞を受賞した。名実ともに自分のカッ
トの技術が認められた気がした。

27歳のときに結婚もした。授かり婚だっ
たので、結婚後、すぐに男の子が誕生した。

「家族のためにも、これからますます仕事
を頑張らないと」

休みもないほど忙殺されていたが、家族

のためにも、そして自分の夢のためにも、必死で働いた。幸せいっぱいの生活……の、はずだった。

　ところがある日突然、妻が家を出ていってしまったのだ。どうやら、同居していた僕の母と相性が合わなかったらしかった。僕は休まず働いてばかりだったので、そのことにも気づけず、間に入ってあげることもできなかった。

　そして妻が出て行った2ヶ月後に、僕たちは離婚をした。たった1年という、短い結婚生活。息子の親権は僕が持った。当時、息子はまだ1歳になったばかり。

「これから、どうしよう」

　気が遠くなる思いだったが、現実は茫然と立ち尽くす暇も与えてくれなかった。僕には、店長として果たすべき責務が、僕の指示を待っているスタッフが、僕に髪を任せたいと訪れてくださるお客様がいる。

「しっかりしなければ」

　僕は、息子と二人で暮らすことを決めた。もちろん、僕ひとりで完璧な子育てができるのか？　と問われれば、難しいと思う。

実際、母にも大反対された。ただ、大切な息子の責任は、自分がすべて背負いたいと思ったのだ。

「後悔のない子育てをしよう」

母の反対を押し切ってそう決めた僕は、まだ1歳10ヶ月の息子を連れて、職場からほど近い場所に引っ越した。二人暮らしのスタートだ。

シングルファザーの苦悩

いきなり難関が立ちはだかった。保育園探しだ。この「保育園問題」に直面されているお父さんお母さんはたくさんいらっしゃることと思う。僕もその一人だった。仕事の合間を縫って、認可保育園以外にも、認証保育園（国の定めた基準でなく、東京都独自の制度によって認められた保育園）を15件訪ねてまわった。しかし、全滅。区役所にも状況を説明して相談に乗っていただいたこともあったが、なかなか決まらず、16件目に行った認証保育園になんとか滑り込み、預けられることになった。

できれば、保育料が認証保育園よりも安い認可保育園に預けたかったのだが、そうもいっていられない。認可外保育園に預けている家庭への補助金などいろいろと調べたが、当時の僕の年収ではすべて対象外だった。「お迎えのために仕事を早く切り上げないといけないから、これから収入も減るのにな……」なかなか思うようにいかない保活状況に悩まされていた。

とはいえ、まずは働ける状況を確保しなければならない。「預け先が見つかっただけでも、よかったじゃないか」そう思い直し、認証保育園へお世話になることにした。

息子が無事に保育園に通い出した、ある日のこと。僕は仕事を早めに切り上げ、お迎えに向かった。20時ごろだっただろうか。保育園に着くと、暗くなった教室でひとりポツンと遊んでいる息子の姿があった。息子が遊んでいる場所だけライトをつけてくれてはいたが、たったひとつのライトは心許なく、そんな心許ないスポットライトに照らされた息子の背中は、どこか寂しそうに見えた。

僕は、息子に申し訳ない気持ちでいっぱ

いになった。もともと夜遅くまで働いていたので、かなり仕事を早く切り上げていた。とはいえ、当時通っていた園は20時半で閉園。他の親御さんたちは16時半くらいから、18時ごろまでにはお迎えに来ているようだった。

　友達が帰ったあと、毎日、ひとりで待ってくれているんだよな……。さみしいよね。ごめんね。パパのことを待っていてくれてありがとう。

　息子に申し訳なく思った僕は、さらに仕事を早く切り上げて、息子に寂しい思いをさせないようにしたいなと考え始めた。

　悪いことばかりではなく、ちょうどそのころ、職場の近くに新しく認可保育園ができることを知り、僕はさっそく申し込み、1ヶ月後には、無事に新しい保育園へ移ることができた。認可保育園へ転園でき、息子と過ごす時間を増やすことはできた。しかしそれと引き換えに、仕事に費やせる時間がさらに短くなった。もともと、休みなく働いていても足りなかったような仕事だ。当然思うように仕事が回らないことも増えてきた。

そんなある日、スタッフからこんなことを言われてしまう。

「店長、子育てが大変なのは分かりますが、十分に業務されていないですよね。……店長職は他の方にやってもらったほうがいいんじゃないですか?」

　僕は、店長という立場すら脅かされるようになっていた。

僕を救った、息子の行動

　息子は大切。仕事も大切。だからこそ、「子育てを言い訳にしない」ということは、シングルファザーになったときから決めていたこと。

「お前のために仕事を制限したんだよ」

「お前のために頑張っているんだよ」

　そんなことを言っても、きっと息子は喜ばないだろう。そもそも、息子は「僕のために仕事を制限してほしい」とか「僕のためにもっと稼いで」などと思っていなかったと思う。

　僕が、仕事も、子育ても、「自分で責任を持って全力でやりたい」と決めたこと。だか

ら、境遇を理由に諦めたり、愚痴を吐いたりするようなことはしたくなかった。

　それでも、現状は八方塞がり。さすがにしんどくなっていた僕は、ある日、自宅のベランダで座り込んでしまった。

　「やばいよ。これ、もうどう頑張っても回らないよ……。どうしよう」情けないことに、涙が止まらなかった。すると、息子がベランダへやってきた。

　危ないから抱っこして部屋に戻ろう。そう思ったときのこと。当時2歳の息子が、僕をぎゅっと抱きしめてくれた。そして僕をハグしたあと、その小さな手で、頭をポンポンと撫でてくれたのだ。

　子どもながらに、僕が大変そうにしていることは伝わっていたのか。

　どうして、僕ひとりが大変だと思っていたのだろう。息子も、ずっと一緒に頑張ってくれていたじゃないか。

　「こいつも、寂しいと思いながらも、一緒に頑張ってくれているんだよな」

　「ありがとう」

　僕は、息子を強く抱きしめ返した。

「一緒に頑張っていこうね」

　この日を境に、僕の悩みは吹き飛んだ。もちろん、大変な状況は何ひとつ変わっていない。しかし、マインドが変われば行動も変わるものだ。どんな逆境にも、「この状況をどう楽しみながら乗り越えていこうか!」と考えるようになってきた。

　息子にも、自然とかける言葉がポジティブなものになっていく。

「なかなか経験できないことを経験している俺たち、すごくない?」

「この状況を乗り越えたら、また成長できるね!」

「毎日楽しいね!」

　息子は、まだあまり多くの言葉は話せない時期だったが、一生懸命「うん、うん!」と言いながら、一緒に楽しんでくれていた。心に余裕がない状況ではあったものの、僕は、次第に前向きに物事に取り組めるようになっていた。

「息子が誇れるような、かっこいいパパになれるように頑張ろう」

　そう、決意を新たにした。

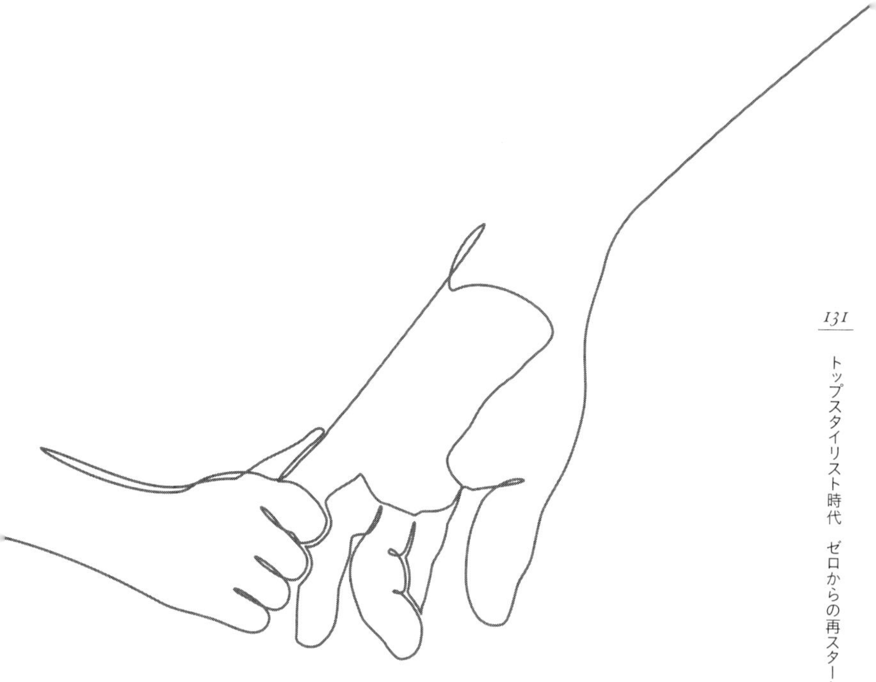

かっこいいパパとして、圧倒的な1位をとりたい

　息子のおかげで再起した僕は、新たな目標を掲げる。個人の月間売上目標を、1,000万円に設定したのだ。1,000万円は、これまでグループのなかで誰も達成できていない金額。成績が優秀な人で200〜300万円だったから、目標はその3倍以上。つい最近まで店長の立場すら脅かされていた僕が、店長業務をこなしながら、プレイヤーとしても1,000万円を売り上げるなんて……荒武、いよいよ壊れたか……と周囲の人には思われたかもしれない。しかし、だからこその目標設定だった。「頑張っている」という姿勢だけではなく、きちんと結果を数字で出したかった。しかも、「圧倒的1位」というかたちで息子に誇りたかった。

　もちろん、言うは易し、行うは難し。1,000万円をどうつくるのか？　トップレベルのディレクターたちが200〜300万円なのだから、1日も休まずに働き、毎日朝から晩まで予約でいっぱいになったとしても、1,000

万円には達するはずもない。

　僕が勤めていたのは、「高い技術力を、リーズナブルな料金で」という価値が売りの駅前大型チェーンサロンだ。「安さ」も、お客様から求められている価値のひとつ。だからこそ、たくさんのお客様にお越しいただくだけではなく、一人当たりの客単価も上げる必要があった。

　僕は、思いつく限りすべてのことに取り組むことにした。まずは、社員割引専用のパンフレットをつくった。そして、本社の本部に行って配り歩いた。本部の人とはあまり顔を合わせる機会がなかったので、僕がいきなり声をかけたら驚かせてしまうと思ったので、本部の一人に協力していただき、一緒にパンフレットを配り歩いたのだ。

　配るときにも、ちょっとした工夫をした。

　「来月、お得になる社員限定のキャンペーンをやるので、よかったら来てください。あなただったら、こんなスタイルが似合うと思いますよ」

　一人ひとりに対して、似合いそうな髪色やヘアスタイルなどをアドバイスしながら

パンフレットを渡すようにした。こうすることで、提案を気に入ってくださった方は、「僕に髪を任せたい」と思ってくれるかなと考えた。

本部にとどまらず、ホールディングスの本部、グループ会社の本部にもすべて足を運んだ。目標を達成しようと思った12月は毎日サロンに立ちたかったので、11月中に営業をしてまわった。この営業方法は功を奏し、結果的に、売上の2割近くを占めたように記憶している。

夢はアウトプットすると、協力者が現れる

銀座店に移動してすぐのころからお付き合いのある、柴田さんというお客様がいる。柴田さんは、人の想いを魔法のようにスルスルと引き出される方。普段はお客様のお話を聞くことのほうが多い僕も、はじめてお会いしたときから、柴田さんのその魔法にかかっていた。

「僕、圧倒的な1番になりたいんです」

いつの間にか、僕は柴田さんに、夢を熱っぽく語っていた。

「それなら、ここら辺を勉強するといいよ」

一通り僕の話を聞いたあと、柴田さんはいくつかの本をすすめてくれた。

スティーブン・R・コヴィー『7つの習慣』（キングベアー出版、2013年）、ジェイ・エイブラハム『ハイパワー・マーケティング』（ジャック・メディア、2005年）、ジェームス・スキナー『原則中心』（キングベアー出版、2014年）……などなど。

柴田さんは、それまで美容の専門的な勉強ばかりしていた僕に、新しい視点を授けてくれた。店舗経営やマネジメントの手法については、経験を積み重ねながら感覚的に取り組んでいたが、これを機に体系立ててきちんと勉強するようになった。

「感覚的にやっていたことだったけど、意外と間違っていなかったんだな」

「これに関しては、取り組めていなかった部分だから、今度から取り入れてみよう」

ビジネス書を読みながら、今までの自分の行動の答え合わせをしているような気持

ちだった。お客様を接客する上でも、「お客様が心の底から本当に求めている、まだ顕在化していないニーズの汲み取り方」など、今も生かしていることがたくさんある。

夢をアウトプットすると、思わぬ協力者が現れてくれることに気づけた。この「12月に1,000万円売り上げる」という目標も、周りの人たちに宣言した結果、たくさんの人が協力してくれた。

僕の息子の面倒まで
見てくれたお客様

目標を設定したこの時期は、1日に担当するお客様の数がとくに多かったので、子どもの保育園のお迎えの時間にどうしても間に合わない日が続いた。母にお願いしたり、延長保育を申請したりしながら、なんとかやっている状況。

そこに手を差し伸べてくれたのが、僕が銀座店に異動したときから通ってくださっている、浜田さんというお客様。「最近、忙しそうね」と気遣ってくれる浜田さんに、僕

は、育児と両立しながら、大きな目標にチャレンジしていることを話した。すると、浜田さんはこう言ってくれた。

「頑張っているのね。わたし、最近娘も家を出てしまって、家に夫と2人きりで暇なのよ。よかったら、息子くんの面倒みるわよ」

僕は思わず「えっ」と大きな声を出してしまった。しかし、何年もお付き合いさせていただいている信頼している方に、息子をお願いできるのであれば大変ありがたいことだ。とはいえ、相手はまぎれもなくお客様。

「本当に、甘えてしまっていいんですか?」

恐る恐る聞く僕に、

「わたしも、いつもお世話になっているから」

そう、浜田さんは笑顔で答えてくださった。

こうして僕は、浜田さんのご厚意に甘えることにした。はじめは、僕が休みの日に浜田さんのご自宅へ息子と一緒に伺うところからスタートした。浜田さんは息子をとてもかわいがってくださり、息子もまた、だんだんと浜田さんに懐いていった。僕が仕事で遅くなってしまう日は、僕の代わりに浜田さんがお迎えに行ってくださるようになった。僕の

家の鍵を渡して、息子に夕食を食べさせてくれていたこともあった。

　僕一人ではどうにもならなかったところ、浜田さんと浜田さんのご家族には公私問わず助けていただいた。

　ちなみに、浜田さんは今、保育士として働かれているそうだ。「私、テンちゃん（僕の息子のニックネームです）のお手伝いをさせてもらって、改めて子どもと過ごす時間が好きなんだって気づけたの。だから、夢を叶えるきっかけをくれたあなたには、とても感謝しているの」と話してくださったときは、胸がいっぱいになった。

　感謝しなければいけないのは、僕のほうです。浜田さん、本当にありがとう。

グループ初の快挙、 月間売上 1,000 万円達成

　たくさんの方に支えられながら、夢中で駆け抜けた 12 月。フラフラになりながらも、着実に数字を積み重ねていった。そのはずだった。

ところが。年末が差し迫ってきたある日、僕は驚愕の事実に気づく。

「やばい。このままだと、あとちょっと足りない……」

　何度も何度も計算しても、目標まであと10万円ほど足りないのだ。でも、僕が対応できる予約枠はすでに大晦日までいっぱい。考えられる施策も、やり切っていた。もはや、これ以上できることはない。

　僕は、応援してくれている人たちの顔が次々と浮かんできた。

　反対を押し切って家を出てからも「何か困ったことがあったら、いつでも頼ってね」と事あるごとに心配してくれている母。息子のことを、自分の家族のようにかわいがって一緒に育ててくれている浜田さん。僕に、さらなる成長のヒントをたくさん与えてくださっている柴田さん。お二人以外にも、僕を指名して足を運んでくださった大切なお客様たち。僕が配ったパンフレットを持って、銀座店へ来てくださった社員の方たち。僕の夢を聞いて、サロンまで足を運んでくれた友人。効率よくたくさんのお客様を担当

できるように、一緒になって頑張ってくれた
スタッフたち。「尾登さん（僕の旧姓です）に、
1,000万円の売上を達成させてあげたい」
と、自身のお父様やお母様を連れてきてくれ
たスタッフまでいた。そして、僕と一緒に頑
張ってくれている息子。

　これだけの方たちに支えられながら、
「ごめん、ちょっとだけ足りなかったわ！」
なんて言えるわけがない。

「息子にとってかっこいいパパでいたい」
という僕一人の個人的な想いからはじまっ
たチャレンジだったが、いつの間にか、「支
えてくれている人たちのためにも、絶対達成
したい」という想いへ変わっていった。

　しかし、そんな熱いことだけ言ったとて、
どうしようもない。打開策が思いつかない
まま、日付は12月30日を迎えていた。

「もはや、ここまでか……」

　落ち込んでいるところに、社長が店へ
やってきた。

　一体どうしたのだろうと思いながら挨拶
をすると、社長はこう言った。

「ちょっと、知り合いたちにヘアケア商品

一式欲しいって頼まれててさ。10万円分くらい、用意してくれる?」

僕は社長の男気に震えながら、御礼を言った。

こうして、僕は無事、月間売上1,000万円を達成することができた。2014年のことだった。

翌年には、1年に1度全社員が集まる表彰式で、年間4,300万円の売上を達成したとして表彰された。グループ初の快挙だったそうだ。約1,500人いるグループの美容師のなかで、念願の「圧倒的1位」を実現することができた。テレビ番組をはじめ、メディアからの取材も多く受けることになった。

何もなかった僕が、唯一誇れる「美容師」という職業で結果を出せた。

まだ数字の意味を理解していない幼い息子に、「お前のおかげで、パパ、1,000万円達成したよ!」と興奮気味に報告したことをついさっきのことのように覚えている。

しかし、これは僕だけの力で成しえた記録ではない。たくさんの方の応援と支援がなければ、絶対になしえなかった。家族や

友人、当時のスタッフたち、そしてお客様たちには、本当に感謝している。

お客様に愛されるサロンは、スタッフが幸せに働いている

その後、僕はサロンワーク以外にも、雑誌でのヘアスタイル撮影やテレビ出演などのメディア露出、ヘアショーへの出演など、いちプレイヤーとして忙しく働きながら、マネジメントをする立場も引き続き任されていた。

銀座2店舗のマネージャーを務め、店長会議を取りまとめるようになった。スタイリストやアシスタントの新人育成や技術指導にも携わり、最終的には直営店20店舗のマネージャーを務めていた。僕が、店長やマネージャーとして目指してきたものは、「スタッフが長く幸せに働けて、お客様にもっとご満足いただけるサロンづくり」。

近江商人の経営哲学のひとつとして「三方良し」が知られているが、サロンを運営する上でも、「売り手良し」「買い手良し」「世間良し」の3つが揃ってこそ、いいサ

ロン運営ができる。だから、お客様にご満足いただけるサロンづくりは、スタッフたちが幸せに働ける環境づくりから始まる。労働環境や給与や人間関係など、職場に対する不満がいっぱいになると、余裕がなくなる。自分のことで精一杯で、余裕のないスタッフが、お客様を笑顔にすることなんてできるだろうか。

　反対に、スタッフが幸せに働けていれば、仕事に対するモチベーションも上がり、「もっとお客様にご満足いただくために、自分ができることはなんだろう?」「もっとサロンが成長するために、自分ができることはなんだろう?」と考え、行動することができるだろう。

　そして、そんなスタッフたちが働くサロンだったら、足を運んでくださったお客様たちも、気持ちの良い接客を受けることができ、快適なひとときを過ごしていただけるはず。

　この好循環を生み出すために、「スタッフが長く幸せに働けて、お客様にもっとご満足いただけるサロンづくり」を「自分で」したいと考えるようになった。

そして、理想のサロン像を追求すればするほど、その過程で改善点が数限りなく見えてくるようになった。

美容師は、他の職業に比べて平均年齢が極めて若い職業だ。厚生労働省が2020年3月31日に発表した「賃金構造基本統計調査」によると、理美容師の平均年齢は31.2歳。この数字には理容師も含まれているので、美容師に限定するとさらに若くなるだろう。

今や美容室の数は、コンビニの数よりも多い。参入障壁が低く、しかも競争率が高い。そのためか、若くしてやめていく人も多く、厚生労働省のデータによると、美容師の離職率は1年で50パーセント、3年で80パーセント、10年で92パーセントだそうだ。人材の出入りの激しさは、業界全体が抱えている悩みといってもいいだろう。

僕自身、この問題に関しては店長業務において悩まされたことのひとつだった。人材の採用には、コストがかかる。教育についてもそうだ。もちろん「美容師という仕事を続けるのかどうか」、もっというと「こ

の会社で働き続けるのかどうか」ということについては、本人たちが決めること。しかし、マネジメントする側としてはせっかく手塩にかけて育てたのに早くに辞められてしまっては、採用や教育にかかったコストを回収することができない。なにより、さみしい。けれども、その責任は、「長く働き続けたい」と思ってもらえる環境が用意できていないこちら側にもあると考えていた。

美容師が長く働くには
どうすればいいのかを考える

だからこそ僕は、「長く働きたいと思える環境と仕組みづくり」について常々考えていた。

たとえば、給与体系。美容師の離職理由のひとつに、「年収の低さ」が挙げられる。美容師の平均年収は302万円。日本人の平均年収である441万円と比較しても、低い傾向にある。

さらに、下積み中のアシスタント時代は、月収にして15〜18万円くらいの場合が多

いので、年収はさらに低い。しかし、決して、美容師の給与水準を悲観しているわけではない。

平均年収は年々増加傾向にあるし、成功して年収1,000万円以上稼いでいる美容師もたくさん存在している。

ただ、「年収300万円では、結婚して家庭を持つことは難しい」「家賃など生活コストのかかる都会で、美容師として生きていくのはなかなか貯蓄ができず将来が不安」と考える若手が多いことも事実だ。

僕は、若くして去っていく美容師が多いからこそ、長く働いてサロンの成長に大きく貢献してくれているスタッフには、感謝の気持ちを給与にも反映すべきだと考えた。美容師という仕事に真摯に向き合い、真剣に働いていれば、経験年数とともに技術力は高まっていくし、そのスタッフを指名するお客様も多いはずだ。後輩の指導にもあたってくれるだろう。

その貢献度に感謝して、「勤続年数に応じて歩合率を変えてはどうか」と考えた。年収を理由に将来を不安に思う若手も、勤

146

Chapter-4

続年数に応じて歩合率が変わることがわかっていれば、キャリアプランも描きやすくなる。

　またあるときは、福利厚生のひとつとして企業内保育所を導入できないか考えた。これは、僕自身がシングルファザーとして、「子どもを育てながら働き続けることの難しさ」を実感したから。とくに女性スタッフにおいては、ライフステージの変化によって、働く時間を制限せざるをえない時期が訪れる。先ほど、美容師の離職理由のひとつとして「年収の低さ」を挙げたが、「労働時間の長さ」もよく挙げられる理由のひとつだ。まだまだ他の職種に比べて美容師は労働時間が長いように思う。

　ここまで読んでくださったあなたは、もうお分かりかもしれないが、僕は基本的に、「これ!」と決めたことにのめり込むタイプ。美容師になってからというもの、ずーっと仕事が中心だ。だから、長時間労働を悪いことだとは思っていない。やはり、美容師としてスキルを磨くためには、練習と実践あるのみだから。強制されるのではなく、自

主的に働くのであれば、それは悪いことで
はないと僕は思う。

　ただ、長時間働ける人だけしか美容師とし
て生き残れないのだとしたら、それはシステ
ムや仕組みをなんとかしなければならない。

　そこで、全店舗は難しくても、ターミナ
ル駅ごとに利用できる保育施設があれば、
ワークライフバランスに悩むスタッフの支
えになり、働きやすさに大きく寄与するの
ではと考えた。

　僕の「ああしたい、こうなればいいの
に」という理想はどんどん膨らんでいった。

独立を決意

「もっとスタッフが長く幸せに働けて、もっ
とお客様にご満足いただけるサロンづくり
をしていきたい」と考えた僕は、給与体系
や福利厚生、サロンに導入したい仕組み
について、経営陣にプレゼンをすることに
なった。

　その日は直営店のマネージャーが集まる
会議で、ホールディングスの会長や社長な

ど、すべての役員が出席する会議。先ほど書いた事案以外にも、たくさんのことを提案した。

　たとえば、「サロンに置いているファッション誌を、すべてタブレット端末に変えてはどうか?」も提案したことのひとつ。今でこそ多くのサロンで見かけるタブレット端末だが、当時は紙の雑誌が主流で、お客様の雰囲気や好みに合わせてスタッフが数冊ファッション誌を選んでお渡ししていた。それをタブレット端末からお客様が自由にご自身で操作していただくことで、お客様が本当に読みたい雑誌を読むことができる。紙からタブレット端末に変えることで、コストも大幅に削減できることも伝えた。

　提案は、すべて却下。もちろん、当時の僕には想像できなかった「新しい制度を導入できない理由」があったのかもしれない。費用対効果が悪い提案もあっただろう。あるいは、経営の経験がない僕が、経営陣に提案をしたことを生意気に思われたのかもしれない。だが、「できない理由」も詳しく聞かせてもらえずに、どうしたらその

問題を解決できるか?という議論も起こらずに、ただ「無理」とだけ伝えられる状況に落胆した。

　スタッフのために、お客様のために、自分ができることって何なんだろう。

「ここまで頑張ってやってきたつもりだったけど、俺の力ってたいしたことないんだなあ」

　こうした経験は、美容師に限らず会社に属する人には似たようなことがあるのではないかと思う。

　やりたい、と思ったら走り出さずにはいられない僕は、新しい目標や理想も、美容師として大切なことをいくつも学ばせてもらったこの会社で実現したかった。けれど、大きな組織を動かすには、それぞれの考えを持ったたくさんの人を動かさなくてはいけない。それなら、どうしようか? 僕が出した答えはシンプルだった。

「よし、自分でやろう」

　大好きなこの会社を、夢の実現のために、卒業する。当時、35歳。季節は、間もなく夏に移り変わろうとしていた。

6月に退職を決意した僕は、半年後の12月いっぱいで退職したいと上司に相談した。もちろん、すんなりと決まったわけではない。退職自体考え直してくれとも言われたし、退職時期の調整もあった。正直、周りには相当な迷惑をかけてしまっただろう。

　だが、「自分でやる」と決めた以上、期限を先延ばしにする理由はない。退職日を12月末に設定した僕は、最後の半年間を全力で働きながらも、自分のサロンの開業準備を進めていった。すでに8月くらい（退職する4ヶ月前）には、物件に目星がついていた。創業資金の融資を受けるための準備や会社設立などの準備を進めていき、内装も決まり始めていた。

Chapter-5

独立そして未来へ

お客様の声を
かたちにしたサロン

　僕が立ち上げたサロン「Seed,（シード）」は、お客様の声から生まれたサロンだ。退職する前の僕のリピート率（お客様再来率）は98パーセント。年齢でいうと、2歳から86歳まで、本当に幅広い世代の方にご利用いただいていた。現在の僕のサロンにはそういった統計システムを導入していないので厳密には分かりかねるが、来てくださっているお客様たちの顔触れが変わっていないことと、フリー（指名なし）でいらっしゃるお客様があまりいないため、ほぼ同じパーセンテージだと思う。

　せっかく自分のサロンを持つならば、これからも大切なお客様たちと永いお付き合いができるよう、お客様たちの声をかたちにしたサロンにしたい。そう思ったからこそ、物件選びには厳しい条件を課した。

物件を選んだ決め手、
譲れない2つの条件

　ひとつは、バリアフリーなサロンを可能にする構造。

　美容室のシャンプー台は、段差になっているところが多い。あなたも、シャンプー台に移動するとき「段差にお気をつけください」と言われたことはないだろうか?

　実は、配管の関係でどうしても1段上げざるをえないのだ。しかし、僕のサロンには車椅子のお客様も来られるようにしたく、どうしても段差を作りたくなかった。現在のサロンの場所を内見したとき、水回りの場所が1段下がっているのを見たときは「ここだ!」と思った。「ここ、水回りの部分が一段下がっているから、工事をすれば全て床はフラットにできますよね?」と、興奮気味に不動産会社の担当者に聞いたことを今でも覚えている。担当者はポカンとしていた。

　そしてもうひとつは、託児スペースを確保できるだけの広さがあること。Seed,は、託児保育施設が併設されたサロンにした

かった。僕はシングルファザー時代に、子どもを育てながら働くことの難しさを痛感した経験がある。また、「出産を境に、なかなか美容室へ行く時間を作れなくなってしまって悲しい」というお客様の声もたくさん聞いた。結婚や出産で、泣く泣く美容師という職業を諦めたスタッフもいる。

これらの経験から、お客様のためにも、スタッフのためにも、前職時代には叶わなかった「託児保育施設を併設したサロン」にしようと決めていたのだ。

物件が決まったあとは、内装にもとにかくこだわりぬいた。

たとえば、天井。Seed, の天井は「躯体現し」になっている。「躯体現し」とは、通常は天井に板やクロスを貼って内装を仕上げるところを、貼らずに、あえて剥き出しのままにすること。躯体現しにすると、天井高が高くなり、開放感が生まれる。お客様にリラックスしていただけるよう、なるべく空間を広く感じられるように意識した。また、天井が低いと、カラー剤などの匂いがこもりやすくなってしまう。そうならないように、

現在のような天井にした。

　また、美容室は長時間同じイスに座る場所でもある。お客様が長時間座っても疲れにくいように、イス選びには本当に時間をかけた。ようやく出会えたイスは、4年間使った今でもほとんどへたっていない。ほかにも、観葉植物の選び方など、こだわった点はたくさんあるが、すべてにおいて意識したことは「お客様が笑顔になれる空間づくり」。お客様の「あったらいいな」「美容室が、もっとこんな場所だったらいいのにな」という声を参考にさせていただきながら、リラックスしてお過ごしいただけるような空間づくりに努めている。

困難を乗り越え、ようやく迎えたオープン初日

　オープン日は、2018年の3月2日に決まった。12月末に前職を退職してからも、毎日オープンに向けての準備でバタバタだった。それでも、お客様からの「楽しみにしているよ」「頑張ってね」という声を励みに、

毎日ワクワクしながら作業を進めていた。

　そんなある日のこと。

　ヘアカラー剤など、サロンワークに必要な美容材料を取り扱うメーカーからの電話が鳴った。

「大変申し訳ありません。実は、うちの製品を納品できなくなってしまいまして……」

　僕は耳を疑った。

「えっ?　困りますよ!　オープン日が迫っているんです」

「本当に申し訳ありません」

「どうしてですか?　一度はお約束させていただいたじゃないですか」

「本当に、申し訳ありません」

「……」

　その後も何度かやりとりをしたが、先方は「できません」「申し訳ない」とただただ言うだけ。

　しかし、オープン日は迫ってきている。泣いても怒っても意味がない。僕はすぐさま他のメーカー数社に連絡をし、お取引をさせていただけないかと交渉をした。

四苦八苦はあったが、結果的には、無事に他のメーカーさんとお取引できることが決まり、なんとか事なきを得た。ちなみに、納品を断ったそのメーカーの方は後日謝罪に来てくださった。社章を胸から外し、プライベートの時間を使って謝りに来てくださったのだ。頭を下げ続けてくれている彼に「いえ、会社の方針であって、あなたが悪いわけではないのは分かっています。誠意を持って、会いに来てくれただけで嬉しいです。いつかまたご縁があったら、よろしくお願いします」と伝えた。

　そして、2018年3月2日。こだわりの詰まったSeed, が、オープン初日を迎えた。大変ありがたいことに、オープンから2週間分、すでに予約でいっぱいだった。

　オープン初日のことは、よく覚えている。

　Seed, のお客様第1号は、柴田さんだった。前職で「月間売上1,000万円を達成する」と決めたときに、「1位になりたいんです」と夢を話したら、僕が成長するためのヒントをたくさん教えてくださった、あの柴田さん。

柴田さんは、朝の8時にサロンに来てくれた。僕のサロンの営業時間は、11時から。

　きっかけは柴田さんからの1本の電話だった。

「柴田さん、お久しぶりです!」

「オープンする日、いつからだっけ?」

「3月2日です」

「朝の8時しか空いていないんだけど、いいかな?」

「柴田さんなら、大丈夫です!」

　忙しいなか、朝イチでオープン日に駆けつけようとしてくださったことが、とても嬉しかった。柴田さんにお会いできることを心待ちにしていた。当日はカットの後も、「俺になにか売るものとかないの?　オススメの商品、ちゃんとお客さんに勧めないと!」と笑いながら、シャンプーとトリートメントを購入してくれた。言われるがまま商品をオススメし、もはや僕が柴田さんに接客されているようだったが、いつだって応援してくれる柴田さんに、涙がこぼれた。その後も、担当させていただいていたお客様たちが、次々とサロンへ足を運んでくれた。

12月末に退職してからは、約2ヶ月のあいだ現場を離れていたので、オープン初日を迎えるまでは「お客さん、本当に来てくれるかな」とずっとソワソワしていた。

　いざオープン日を迎えると、目が回るほど忙しく、そんな時間を送れることが本当にありがたかった。一番嬉しかったのは、来店してくれるお客様たちが「なんか、過ごしやすい」「雰囲気がいいね」と口々に言ってくださったこと。

　今までは、会社が用意してくれた店舗の中で、与えられた役職として、担当部署が採用してくれたスタッフたちと、うまく運用するというやり方でやってきた。それに対して、ここは、僕がお客様たちの笑顔を想いながら、一からつくったこだわりの空間だ。だから、お客様が「雰囲気」や「デザイン」や「過ごしやすさ」など、それぞれの感性で「いいね」と感じ取ってくれたことは、「お客様にとって少しでもリラックスできる空間づくりができたのかな」と思い、とても嬉しかった。

サロンや会社の名前に
込めた想い

　僕はサロン名を「Seed.（シード）」に決めるより先に、会社名を決めていた。社名は、株式会社World Tree。

　社名の由来は、夢で見たから。

　そんなことあるの？　と思われそうだが、事実なのだ。

　前職での業務と開業準備に追われながら忙しくしていた、10月くらいだっただろうか。「設立する会社の名前はどうしようかな」と考えていた時期だ。

　深夜に仕事を終え、とやっと眠りについたときのこと。夢で、突然「世界樹」という言葉が出てきた。ハっと目を覚ました僕は、「これだ！」と思い、忘れないように慌ててメモをした。この、夢で見た「世界樹」を英語表記にして、会社名を「World Tree」に決めた。

　僕は現在、「サロン Seed. GINZA」、「子育てサポート事業Aqua」、「訪問美容事業Sunny」、「若手研修現場Root's」の4

事業を運営している。この事業名はすべて、「World Tree」のもとに決まった事業名だ。「種 (Seed)」をただ植えただけでは、育たない。「水 (Aqua)」をやり、「太陽の光 (Sunny)」を浴びながら、「深く根を張る (Roots)」。そんなイメージ。

　第1号店である「Seed, GINZA」は、World Tree の出発点。「これから大きく育てていこう」という意味合いを込めて、サロン名を Seed, (種) に決めたのだ。

子育て事業サポート Aqua (アクア)

　「Seed, GINZA」のオープンと同時にスタートしたのが、「子育てサポート事業 Aqua (アクア)」。具体的な事業内容は、サロンに併設している託児保育スペースの運営だ。僕自身が強く望んでいたことが、ようやく実現できた。事業名は、これから種 (Seed,) を芽吹かせるために水 (Aqua) をやる、そんな発想から名づけた。

　僕は、「美容師として、お客様の人生に長く寄り添えること」がなによりの幸せだ。

そんな僕にとって、大切なお客様とのお別れは本当に辛い。たとえば、お客様の「結婚」や「出産」。

結婚に伴う引っ越しで物理的に通いづらい距離になってしまったり、産後子育てに追われてなかなか自分のための時間が取れなくなってしまったりすることが多い。僕自身、子どもを育てながら働いていると、とくに子どもが小さいうちは「自分の時間がとれないな」と感じていた。父親の僕ですらそう感じるのに、授乳など母親にしかできないことを担っている女性は、もっと大変だ。銀座というエリアは「住んでいる場所から近いから」というよりは、「行きたい美容室が銀座にあるから」という理由で、わざわざ銀座へお越しくださる方が大半だった。

そのため、前職で銀座で働いているときも、産後に足が遠のいてしまうお客様が何人かいらっしゃった。

「ママになっても、キレイでいたいのに子育てに追われて時間がとれない」

「銀座の美容室は子どもと一緒に行きづらいよね。視線が怖くて」

僕もシングルファザー時代に経験をしたので、サロンから足が遠のいてしまう理由はよく分かる。だからこそ、サロンにお子さんをお預かりできるスペースがあれば、そんな悩みを抱えているお客様も、美容を楽しむことを諦めずに済むのではないか? と考えた。

そこで立ち上げたのが「子育てサポート事業 Aqua（アクア）」。忙しいパパやママにも美容を楽しむことをサポートできれば、お客様の支えになれるのではないか。アクアでは、施術中にキッズスペースとしてご利用いただけるだけでなく、託児施設として時間単位での「一時預かり」も受けている。美容室を利用しなくても、気分転換にお買い物に行きたいとき、パパもママも忙しくてちょっと誰かに見て欲しいときにも、アクアをご利用いただけるようになっている。これ

は僕がシングルファザー時代に悩んでいた経験から、「お客様が一人で抱え込まなくて

いいように」という想いで始めたサービス。今では、お子さん連れのお客様が毎日のようにアクアをご利用くださっている。

訪問美容事業Sunny (サニー) 始動

「託児保育施設付きのサロン」と合わせて、僕が実現を夢見てきた分野。それが、「美容と福祉の融合」だ。この本でも何度も何度も言い続けてきた。16歳のときに特別養護老人ホームでの体験がきっかけで「福祉」という分野にも興味を持つようになった。美容師になってからは、「いつか美容分野のスペシャリストとして、ご高齢のお客様にもサービスを届けたい」と思い描いてきた。その20年来の夢をようやくスタートさせたのが、「訪問美容事業Sunny (サニー)」。

訪問美容事業に取り組むために前職を退職したといっても過言ではないのに、なぜオープンから少し時間を置いてスタートさせたのか? その理由は、先ほどご紹介した子育てサポート事業「アクア」が、なかなか軌道に乗らなかったことにある。オープ

ン当初、Seed. に託児施設が併設されている
ということがまったく認知されていなかった。
当時ご利用をいただいていたのは、昔から
お付き合いがあって、かつ、お子さん連れ
の常連さんのみ。月に1件、予約が入るか
入らないかの状況だった。決して子育てサ
ポート事業を「想い」と「お客様の声」だ
けでスタートさせたわけではない。

　銀座のある中央区や、近隣の江東区は、
近年ファミリー層向けに再開発が進んでい
る。それにもかかわらず、当時の銀座エリ
アの美容室には、託児サービス付きのサロ
ンはほとんどなかった。そのため、絶対に
需要はあると見込んでいたのだ。

　　しかし、予想に反して、まったくといっ
ていいほど利用されていなかった。
「これはやばい。失敗かな?　困ったなあ
……」
　当たり前のことだが、お客様の声にいく
らお応えしても、採算が採れなければ会社
としてその事業を存続し続けることはでき
ない。お客様にとって必要なサービスを届
け続けるためにも、企業として健全な経営

をすることは大切だ。

「もう少し、状況が良くなってからにしよう」

　僕は、訪問美容事業をすぐにでもスタートさせたい気持ちでいっぱいだったが、まずは子育てサポート事業を軌道に乗せてからチャレンジすることに決めた。アクアが軌道に乗り始めたのは、それから数ヶ月くらいあとのこと。サロンをご利用のお客様に限り、当初はいただいていた託児料を無料にしたことが功を奏した。

　また、大変ありがたいことに、お客様たちによる口コミも大きかった。

　大手サロンのキッズスペースは、規模的にサロンとは別の階に設けられていることもある。「束の間の時間、子どもと少し離れてゆったりと自分の時間を楽しみたい」と思われている方には、とてもいい空間だ。しかし、一方で、「美容室には行きたいけれど、子どもと離れるのはちょっと不安」と思われる方もいらっしゃるようで、アクアは、そんな方にご好評をいただくようになっていった。そして、サロンと同じフロア内にキッズスペースを設けているので、ドア1枚を隔

てているだけ。お子さんの様子が気になったら、すぐに見に行ける距離でカットやカラーをご利用いただける工夫を凝らした。

このアットホームな空間に好印象をと持ってくださったお客様を中心に、次第に口コミで広がっていき、ありがたいことに毎日予約が入るようになったのだ。

若手を育成する場
「Root's (ルーツ)」オープン

銀座のサロンSeed, (シード) の運営、子育てサポート事業Aqua (アクア) の運営、そして訪問美容事業Sunny (サニー) の始動。この3つの事業に取り組みながら、僕はより多くの人の力を借りる必要性を感じ始めていた。現在ともに頑張ってくれているベテランメンバーだけでは、手一杯だった。こんな状況では、これから新しいサービスも始まるのに、より多くの方に美容を届けることができなくなってしまう。

僕は、仲間を増やしながら、若手メンバーの教育により力を入れていくことに決

めた。そこで2020年の2月5日に中野で
オープンさせたのが、「Root's（ルーツ）」だ。

　根の張りが浅い木は、台風などが来ると
強風に耐えきれずに倒れてしまう。そんなこ
とのないよう、上へ上へと伸びるだけでは
なく、美容師として本質的な知識とスキル
を身につけることで、深く、深く根を張って
いこう。そんな想いを込めて「Roots（根）」
と名づけた。

　若手メンバーの成長スピードを加速させ
るためには、僕自身が先輩方から教えても
らったように、より多くの裁量を与えること
と、経験を積んでもらうことが大切だと考え
た。

　また、地価の違いから、銀座よりもリーズ
ナブルな価格で提供できる。若手の育成を
中心に、ゆくゆくは本店銀座に負けない技
術を提供する若手主導のサロンを実現する
ための事業が「Root's（ルーツ）」なのだ。

若手美容師が
成長しやすい環境とは

　僕はかれこれ銀座で10年以上美容師として働いているが、「経験の浅い若手がスタイリストデビューする場所として、銀座はハードルが高い」と感じることが多々あった。そこで「中野」という土地で2店舗目を開業することを検討した。その理由はふたつ。

　ひとつ目は、お客様の層。銀座は、一般的に20代後半〜40代前半のお客様が多く、ヘアスタイルも、落ち着いていて大人っぽい雰囲気をご希望される方が多い傾向にある。また、学生より社会人の方が多く来店される。そして、美意識の高い方が多い。そのため、自身のこだわりや、希望のスタイルがハッキリと明確にある方が多いのも特徴だ。

　「この人に任せれば間違いない」「このサロンに来れば、失敗されることはない」といった、技術面・接客面ともに「安心・安全」を求められている方が多い印象を受ける。実際、「この前、時間がなくて別の美容

室に行ったら、伝えたイメージとは違うものになっちゃって……やっぱりいつもお願いしているあなたに担当してもらうのが安心だわ」と言ってくださったお客様は多くいらっしゃった。

そういった特徴のあるエリアで、技術や接客につたなさの残る若手がデビューをするとどうなるか。絶対ではないが、「いつものスタイル」を再現できなかったり、お客様のこだわりやご希望に添えられなかったりする場面も出てきてしまうだろう。

もちろん、たくさん練習を積み重ねて、サロンの試験をパスした者だけがスタイリストとしてデビューしていく。しかし、経験から培われる技術や接客態度も間違いなくある。圧倒的な数をこなしてきたベテラン美容師とは、やはり差が生まれてしまう。ただでさえ、労働時間が長く、給料が上がるまでに時間がかかる職業だ。自分の至らなさが原因とはいえ、ようやくスタイリストデビューできたタイミングで、レベルの高いクレームを受けてしまうと心がポキッと折れてしまうこともある。

ふたつ目は、集客の方法。銀座の美容室へは、紹介や口コミで来店されるお客様が多くいらっしゃる。そのため、予約の際はベテランのトップスタイリストを指名することが多い。これは、広告やクーポン、あらゆるキャンペーンをきっかけに来てくださるフリーのお客様が割合的に少ないということ。つまり、デビューしたてで、まだ名の通っていない若手スタイリストは、なかなかお客様を担当する機会に恵まれないのだ。言い換えれば、自分と長いお付き合いをしてくれるお客様との出会いのチャンスが相対的に少ない傾向にあるということ。

　実際、このふたつの要因で、デビューしても自信を失くして伸び悩んでしまう若手をこれまでに何人も見てきた。なにより、僕自身が比較的ローカルな店舗で経験を積ませてもらってきた。最終的に銀座エリアに落ち着いてはいるが、デビューしたてのころ、二子玉川店や千葉エリアで学ばせていただいた。そして、今でもお付き合いが続いている大切なお客様とも、この期間にたくさん出会った。だからこそ、ともに働いてく

れている若手メンバーにも、そうした環境を作ってあげようと考えた。

スタッフとも、永いお付き合いをしていきたい

僕の理念は「ご縁を大切に、永いお付き合いを」だが、これは対お客様に限った話ではなく、ともに働いているスタッフとも、永いお付き合いをしていきたいと思っている。

美容師は、一般的に独立を志す人が多い職業だ。最近は、組織から卒業してフリーランスとして働く美容師も増えているようだ。銀座にも、面貸し（サロンオーナーが自分の店舗を場所として貸し出すこと）をしているサロンがたくさんある。

しかし、少し矛盾していると思われるかもしれないが、僕は組織の一員として働くことで成長できることがたくさんあると考えている。

もちろん、独立を否定したいわけではない。むしろ、スタッフが「独立したい」といったら、応援したいと思っている。店舗を持たずにフリーランスの美容師として働く場

合、初期費用もそこまでかからないし、売上は材料費や面貸し代を差し引けばすべて自分のものになる。

　時間の融通も利きやすいし、人間関係に気を使うことも少ないだろう。

　しかし、そういった目先の利益に目が眩んでしまっている場合ほど、「組織の一員として働いているメリット」を考えてほしい。

　独立すれば、すべてのことを自分でやる必要がある。集客、スタッフの採用、スタッフの育成、経理業務、経営管理……。これらすべての責任をたった一人で負うのだ。

　集客や採用、育成などにパワーを割かれるあまり、技術面の向上が一切できていない……なんてことになってしまっては、技術職である美容師を長く続けていくことは難しい。

　それに対して、いちスタイリストとして働いているうちは、それぞれが役割を分担して担っている。責任も、万が一のことがあっても会社がフォローしてくれる。

　また、独立したあとにスキルを高めたい、新しい技術を学びたいと思ったら、働

きながらセミナーなどを受講する必要がある。お金と時間がかかってくる。その点、組織にいると就業時間内で必要な研修を社内で実施してくれたり、外部セミナーの受講料を会社がもってくれたりすることもある。なにより、たくさんの経験豊富な美容師たちと働けることが最大のメリットだ。自分のレベルに合わせてチャレンジの機会をくれる上司、ベテラン美容師からの直々の指導、切磋琢磨しあえる同期……。給料をもらいながら、美容師としてスキルアップしていけるのは組織に所属しているからこそだ。

　だからこそ、僕とともに一緒に働くことを決めてくれたスタッフたちには、そんな最高の環境で、思う存分成長していってもらいたいと願っている。スタッフのためのキッズスペースでもあるし、Root'sという店舗でもある。お客様のためだけではなく、スタッフの幸せも願っての事業なのだ。

　すべては、スタッフに対しても「ご縁を大切に。永いお付き合いを」と考えているから。これからも、スタッフが幸せに働き、

成長し続けられる環境を提供できるよう努力していきたい。

スタッフそれぞれの熱量を理解する

「スタッフが幸せに働ける環境を提供したい」

「雇用主と従業員という関係を超えた、永いお付き合いをしていきたい」

こう書くと、理想的な経営者に見えるけれど、僕もたくさんの失敗を重ねながら、試行錯誤をしている最中だ。

いつも意識しているのは、「相手の熱量に合わせる」ということ。同じ「美容師」という職業でも、美容師を志したきっかけや、美容師として働き続けている理由、美容師として目指している方向性は、人それぞれだ。この前提を、僕はいつも忘れないようにしている。

なぜ美容師を志したのか。

なぜ、今も美容師として働き続けることを選択しているのか。

美容師として成し遂げたいこと、最終的な目標はどこなのか。

理想のワークライフバランスはどんな割合なのか。

どれくらいの時間を美容師としてスキルアップするために使っていきたいのか。

スタッフ一人ひとりの背景や目標、想いをしっかりと理解した上で、それぞれに合ったポジションや仕事内容を一緒に考えるようにしている。僕がこの考え方を意識するようになったのは、前職時代に店長を務めていたときの経験が大きい。

銀座店で店長を務めていたとき、目標に向かってチーム一丸となって働いているつもりだったのだが、ある日、一人のスタッフが僕に話があると言ってきた。

「忙しいから、手短に頼むよ」

そう言って彼女を見た瞬間、僕はその発言を後悔した。彼女は、泣いていたのだ。

「もう、これ以上働けません……」

泣きながらそう僕に訴えるスタッフを見て、自分の無力さを痛感した。

僕は、「これだ!」と決めた目標には、脇目

も振らず、ときには寝食も忘れて没頭するタイプだが、一方で、オンオフをはっきりと分けて、決まった時間だけ働きながら、プライベートの時間も大切にしたい人もいるだろう。スタッフ一人ひとりの希望や事情を把握せずに、僕と同じ熱量で働き続けることを強要しては、嫌になってしまうスタッフも出てくるはず。この出来事をきっかけに、僕はその事実に気づかせてもらった。

　一方で、「少しでも早く責任あるポジションにつきたい」と思っているスタッフにはチャレンジングなポジションを任せてみたり、「プライベートと両立しながら、決まった時間内でしっかりと働いていきたい」というスタッフにはそういった働き方ができるよう働きかけたりと、適宜本人と話し合いながら一緒に考えるようになった。

一生、修行

　スタッフには共通して絶対に伝えていることもある。それは、「上手くなるために、取り組んでいることは何?」と問い続けること。

　もちろん、サロン側でも教育の機会は提供している。技術的な講習を月に1度行い、その技術がきちんと身についているかのチェックも月に1度行っている。また、美容師としてのスキルは、カットやカラーの技術面だけに限った話ではない。お客様に快適な時間を過ごしていただくためには、接客面のスキルも必要だ。そのため、サロンでは心理学理論を活用したカウンセリング講習も定期的に開催している。新しい技術を取り入れた場合には全員で学んで「みんなで成長していこう」と伝えているし、教育の機会は本人たちの熱量問わず、全員に平等に提供している。

　その上で、「もっと上手くなるために、取り組んでいることは何?」と聞いている。

　美容は、とても奥の深い分野だ。僕もまだ美容師になって20年目だが、突き詰めれば突き詰めるほど、「美容師としての完璧なゴール」なんてないんじゃないかと思わされる。かくいう僕も、美容師として「まだまだだな」と痛感させられることばかり。きっと、一生「まだまだだな」と満足しないまま

努力し続けるのだろう。それくらい、技術職である美容師という職業は奥が深い。

だからこそ、僕も含めて、「もっとお客様に喜んでもらえるように、みんなで一緒に学んでいこう」という気持ちを込めて、「もっと上手くなるために、取り組んでいることは何?」と問い続けている。

絶対に折れない
「本当の自信」の身につけ方

反対に、スタッフたちと接する上で「絶対にしない」と決めていることもある。それは、気持ちや調子が落ち込んでいるスタッフに対して、無理に鼓舞するようなことをしないこと。

人は誰にでも、調子のいいときもあれば、悪いときもある。バイオリズムには抗えない。

調子のいいときには、「さらに上の目標を目指してみようか」「もっとやれるよ!」などと勢いをつけるような働きかけをすることもある。それは、これまでの経験から、「効果的なタイミングで少し上の目標やミッション

を与えて引っ張ることができれば、飛躍的に成長できる」と知っているから。

　反対に、調子が悪いときには、何も声をかけないほうが僕は多い。もちろん、「落ち込んでいるときこそ、上司に悩みを聞いてもらいたい」と考える人もいるだろう。それでも僕があまりそうしないことに決めているのには、もうひとつ理由がある。それは、ちょっとやそっとのことでは折れない、本当の自信をつけてもらいたいから。自分で「なんだか調子が悪いな、気分が下がっているな」と感じたら、適切な対処をとりながら、自分の力で戻ってこられるようになってほしい。

　僕や他の上司が、相談に乗り、「今は調子が悪いだけだよ。君が優秀だってことは僕が一番わかっているから、元気を出して」などと言葉をかけることは簡単だ。けれども、「他信」を「自信」だと思い込むと、僕や上司に依存することになってしまう。いつまでたっても、本当の意味での「自信」がつかない。

　這い上がってくるきっかけは、なんでもいい。仕事で自分が納得できる実績をつくると

か、一旦趣味に没頭してリセットするとか、彼氏・彼女に癒してもらうとか、子どもと思い切り遊ぶとか。そうして、僕や上司に依存することなく、自分で自分の調子を整える方法を身につけていくことで、どんな状況であれ、常に自分の力を120パーセント発揮できるプロの美容師になっていける。プロの美容師として実績を積み重ね、お客様に喜んでいただくうちに、「本当の自信」が身についていることだろう。本当の自信が身につけば、これから先ちょっと辛いことがあったとしても、きっと自分を助けてくれるはずだ。

独立も、出戻りもOK

　繰り返しになるが、スタッフの独立は、賛成派。正直にいうと、もちろん寂しい。僕の「ご縁を大切に、永いお付き合いを」という想いは、お客様に対してだけではなく、スタッフに対しても同じだ。一緒にやる！と決めてくれた仲間たちと、できることならばずっと一緒に頑張っていきたいと思っている。だが、それ以上に「一緒に働くなら、

これまで培ってきた技術やノウハウや成長の機会は惜しみなく提供するから、自立したプロの美容師として成長していってほしい」という想いもある。

それらをしっかりと受け取った上で、覚悟を持って「自分でやりたい」というのであれば、それは応援したい。僕は経営者として、どこに行っても通用する、真のプロとして成長したスタッフたちが、「それでも荒武さんと一緒に働きたい」と思ってもらえる環境を作り上げていく努力をするまでだ。その上で一緒にやりたいと思ってくれるのならば、あなたが活躍できる場所やポジションを一緒に考えよう。もしまだないのだとしたら、一緒に作っていこう。そんなスタンスだ。

あとは、「部下が巣立つ決断をしたのなら、独立を全力で応援する業界であってほしい」という僕の個人的な願いも込められているかもしれない。

僕が独立したときは、応援してもらえなかったり、嫌な思いをしたりした。これは、長い目で見れば業界全体にとっていいことではないはずだ。僕の会社は小さい規

模だが、いち経営者として、業界のためにもそういう意思決定はしたくない。これが、「ずっと一緒に頑張りたい」と思いつつも、スタッフの独立を応援する理由だ。独立も賛成だし、もっといえば、「起業に失敗したら戻っておいで」くらいの感覚でいる。もちろん成功を願っているが、出戻りも喜んで受け入れたい。

すべては、ご縁のあった大切な人たちと永いお付き合いをしていくため

　僕が現在取り組んでいる4事業、「サロン Seed, GINZA」、「子育てサポート事業 Aqua」、「訪問美容事業Sunny」、「トータルビューティーサロン Root's 中野」について紹介してきた。いずれも、大切なお客様の声やスタッフの声から生まれたサービスだ。

　すべては、僕の会社の理念である「ご縁のあった方と、永いお付き合いを」していくため。

　「こういうサービスがあったら、お客様に

とっても、僕たちスタッフにとっても便利だよな」

「これから長く付き合っていく上で、ネックになりそうな問題はコレだから、それを払拭できるようなサービスが必要だな」

そう感じたものを、愚直に実現してきた。「福祉」という分野に挑戦中の僕に「社会貢献のために新しいチャレンジをされているなんて、素晴らしいですね」と声をかけてくれる人もいる。もちろん、僕の取り組みが社会貢献にもなっていたら、それは素敵なことだ。16歳のときに介護施設で経験し、感じたことは今でもしっかり胸に刻まれている。だが、やはり僕を突き動かしているのは、「目の前にいる大切な人と永く付き合っていくために、僕にできることは何か?」という想いだ。

まずは、僕の目の届く、声の届く、大切な人たちのために働く。そして大切な人を中心にご縁がますます広がり、規模が大きくなっていった結果、社会貢献といわれるほどの規模で活動できるようになったのなら、それは素晴らしいことだと思っている。

願わくば、この本を読んでくれたあなたの
生活にも貢献できたら。そんなことを思い
ながら僕は一歩一歩進んでいく。

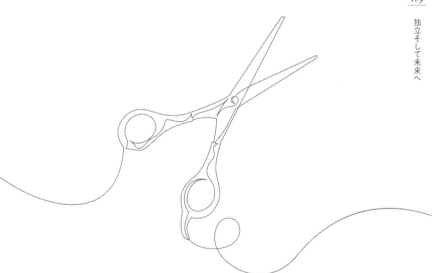

おわりに

　まずはこの度の出版に携わってくださった皆様に感謝を申し上げたいと思う。右も左もわからないまま伝えた「想いを形にしたい」という要望に、懸命に応えてくださった出版社の皆様。僕の話を、時には涙まで流して真剣に聞いてくださり、こうして文字として表現してくださったライターの小野瀬様。おかげで初出版というひとつの夢を叶えることができた。

　また、今日まで僕を支えてくれたスタッフや、取引先の皆様。そのなかでも、独立時、オープニングから僕の女房役としていつも両脇を支えてくれた余越さん。この書籍制作を進めている最中に、病にてこの世から旅立たれた。追悼の意味を込めて、改めて謝辞を述べたい。

「本当にありがとう。お疲れ様でした」

「生まれ変わっても、また一緒に仕事をしようね」

　そしてなによりも、家族の支えなしでは途中で挫折していたかもしれない。

　シングルファザー時代の、苦しかったときに出会った妻。独立から現在まで、僕の無謀とも言える行動にも、どうしようもない苦境のときも、いつも明るく温かい家庭を作って、僕を支えてくれた。この場を借りて心からの感謝を伝えたい。

「本当にありがとう」

「これからも、お世話になります」

そして、今この本を読んでくださっている読者の方々を含め、今日まで応援してくださった皆様へ。僕の夢を叶えてくれて、ありがとうございます。そして、僕に夢を与えてくれて、ありがとうございます。「髪を切る」という日常のひとつに、僕を選んでくれたことに、心から感謝をお伝えしたい。

　この本を通じて、少しでも「訪問美容」について、皆様に知っていただくことができただろうか。美容室に通えなくなってしまったとしても、「訪問美容」という方法があること、諦めなくても良いということが、一人でも多くの方に届いてくれたら嬉しく思う。そして、現在美容師として働くみなさんにも、ほんの少しでも「訪問美容」という概念が浸透することを願っている。

　今後も、より良いサービスや品質の高いご提案ができるよう、挑戦し続けていくつもりだ。現在進行形で（2021年7月現在）、美容クリニックの開設に向けて、新規事業に取り組んでいる。お客様の「美容と健康」をサポートしたく、美容師には実現不可能な分野を取り入れ、進めている事業だ。

　社名として掲げる「World Tree」（世界樹）は、小さな種（Seed.）から始まり、水（Aqua）をやり、太陽（Sunny）を浴びて、根（Roots）を張り、「ありがとう」というお客様からの養分によって少しずつ成長していく。今後も「永いお付き合いを」していくために、精進していく所存だ。

　僕たちはまだ、成長の過程にいる。これからも、ひとつひとつを大切に、育てていきたい。

荒武 裕之 (あらたけ・ひろゆき)

株式会社World Tree代表取締役。1982年、
東京都生まれ。中学生の時に「福祉」と「美
容」の道を志す。2000年に美容師としての道
をスタート。18年に独立し、東京都中央区
銀座にSeed.をオープン。19年に株式会社
World Tree設立。

ご縁でひろがる、新しい美容のかたち

2021年9月30日　第1刷発行

著　者	荒武裕之
発行者	小黒一三
発行所	株式会社木楽舎
	〒104-0044　東京都中央区明石町11-15ミキジ明石町ビル6階
	電話　03-3524-9572
	http://www.kirakusha.com/
印刷・製本	株式会社光邦
装丁・本文デザイン	松田剛 (東京100ミリバールスタジオ)
執筆協力	小野瀬わかな
校正	株式会社鴎来堂
制作協力	株式会社リクルート、NPO法人全国福祉理美容師養成協会 (ふくりび)